智慧商业
创新型人才培养系列教材

智慧配送

慕课版

梁艳清　李彦玲　杨志伟 ◎ 主　编
王立欣　董曼培　韩立峰 ◎ 副主编

人民邮电出版社
北　京

图书在版编目（CIP）数据

智慧配送：慕课版 / 梁艳清，李彦玲，杨志伟主编.
北京 : 人民邮电出版社，2025. --（智慧商业创新型人
才培养系列教材）. -- ISBN 978-7-115-65738-1

Ⅰ. F252.14-39

中国国家版本馆 CIP 数据核字第 2024PZ2703 号

内 容 提 要

　　本书紧密对接现代物流行业的新技术、新工艺、新规范，以配送中心管理为主线，深入剖析了
智慧配送管理岗位所需要的知识及能力。全书包括领悟智慧配送、智慧配送作业管理、智慧配送作
业策略、智慧配送运输系统、流通加工、配送中心客户服务与管理、智慧配送质量管理和绩效评价
七个项目。

　　本书内容体系完整、选材新颖、讲解透彻，既可作为本科院校、职业院校相关专业配送管理课
程的教材，也可供智慧物流相关领域的学者、从业者及科技人员参考使用。

◆ 主　　编　梁艳清　李彦玲　杨志伟
　　副 主 编　王立欣　董曼培　韩立峰
　　责任编辑　侯潇雨
　　责任印制　王　郁　彭志环

◆ 人民邮电出版社出版发行　　北京市丰台区成寿寺路 11 号
　　邮编　100164　电子邮件　315@ptpress.com.cn
　　网址　https://www.ptpress.com.cn
　　北京天宇星印刷厂印刷

◆ 开本：787×1092　1/16
　　印张：11.25　　　　　　　　　2025 年 8 月第 1 版
　　字数：265 千字　　　　　　　2025 年 8 月北京第 1 次印刷

定价：49.80 元

读者服务热线：(010)81055256　印装质量热线：(010)81055316
反盗版热线：(010)81055315

前言

党的二十大报告指出："构建优质高效的服务业新体系，推动现代服务业同先进制造业、现代农业深度融合。加快发展物联网，建设高效顺畅的流通体系，降低物流成本。"现代物流一头连着生产，一头连着消费，高度集成并融合运输、仓储、分拨、配送等服务功能，是延伸产业链、提升价值链、打造供应链的重要支撑，在构建现代流通体系、推动高质量发展、建设现代化经济体系中发挥着先导性、基础性、战略性作用。随着人工智能、大数据、云计算、物联网等新技术在物流领域的广泛应用，智慧物流已经成为现代物流行业的发展趋势。这些新兴技术的融合应用，极大地推动了物流行业的升级和转型，使其向更高效、更智能、更绿色的方向发展。

配送，作为物流的一个缩影，几乎包含了所有的物流功能要素。配送的侧重点在于一个"配"字，"送"是为最终实现资源配置的"配"而服务的。智慧配送作为智慧物流的重要组成部分，能够适应柔性制造的需求，促进消费升级，实现精准营销，推动电子商务发展，成为物流业竞争的重要制高点。

本书编写特色

● **校企合作开发**：本书由院校与深圳市怡亚通供应链股份有限公司等企业合作进行开发与设计，根据物流企业配送活动经营管理的中高端岗位应具备的专业基本素质和能力需求设置项目任务，结构严谨、内容全面、详略得宜。

● **理论与实践并重**：在全面准确阐述智慧配送管理的基本理论、基本知识、基本方法的基础上，引入智慧物流配送实践中的典型案例和实训项目，拓宽学生视野，加强对学生的职业能力和综合能力的培养。

● **数字信息增容**：教材补充了重点难点的数字资源。学生只需用手机扫描重点难点旁边的二维码，即能看到相关拓展资料，用起来不仅直观方便，还可加深学生对知识的理解。此外，本书还配套了 PPT、教案、微课视频（包括动画、仿真实训操作视频等）、教学大纲等教学资源，用书老师可以登录人邮教育社区（www.ryjiaoyu.com）下载、获取。

本书编写组织

本书由河北工业职业技术大学的梁艳清、李彦玲、杨志伟担任主编，王立欣、董曼培、韩立峰担任副主编。梁艳清负责策划、统稿，并编写了项目一、项目三；李彦玲编写了项目五、项目六；杨志伟编写了项目二，王立欣和韩立峰编写了项目四，董曼培编写了项目七。

从本书大纲拟定到初稿完成，再到最终定稿，我们参考了业内多名专家的优秀成果，在此表示深切的谢意。本书的出版离不开深圳市怡亚通供应链股份有限公司范鹏经理的大力指导，以及人民邮电出版社的鼎力支持，在此一并向他们表示衷心的感谢。

尽管我们在编写过程中力求准确、完善，但智慧物流技术发展迅猛，相关技术和管理理念也在不断更新。因此，书中难免存在疏漏和不足之处，敬请专家和广大读者批评指正。

编者
2025 年 3 月

目录

领悟智慧配送

项目一

学习目标

◎ **知识目标**

1. 掌握配送的概念、作用、分类；

2. 掌握配送中心的概念、作用、功能；

3. 掌握配送管理的概念、内容，理解配送合理化；

4. 掌握智慧配送的概念、特点及其应用；

5. 掌握常见的智慧配送的硬件系统和软件系统。

◎ **技能目标**

1. 能对配送、配送中心及配送活动是否合理进行分析；

2. 能识别配送活动使用的智慧配送信息技术。

◎ **素质目标**

培育并践行物流从业人员的诚实礼貌、周到服务的职业精神及严谨细致、精益求精的工作作风。

知识框架

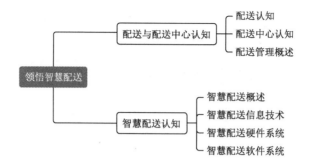

案例导入

"网上下单，商超企业配送，配送到小区、配送到家服务""子公司统一配送原材料，连锁门店坐等送货上门""一站式食材餐饮配送""一站式生产配送，推进××小吃产业标准化、连锁化、产业化经营"等广告宣传，使"配送"一词家喻户晓。

思考：

1. 什么是配送？配送有什么作用？

2. 配送的商品是从配送中心发货吗？什么是配送中心？配送中心有哪些功能？

3. 什么是配送管理？配送管理包括哪些内容？如果毕业后在物流企业从事配送管理相关工作，你如何判断企业的某项配送活动是否合理？

任务一　配送与配送中心认知

一、配送认知

（一）配送的概念和特点

依据《中华人民共和国国家标准物流术语》（GB/T 18354—2021）的规定，配送（Distribution）是指"根据客户要求，对物品进行分类、拣选、集货、包装、组配等作业，并按时送达指定地点的物流活动"。配送作为物流系统的重要功能之一，具有以下特点。

1. 配送是一种末端物流活动

配送的对象是零售商、加工厂、消费者、连锁门店或者其他终端客户。配送运输在整个输送过程中处于"二次输送""支线输送""终端输送"的位置，是"中转型"送货。其起止点是物流据点至用户。与长距离、大批量货物的运输不同，配送通常是短距离、小批量货物的移动，是一种末端的物流活动。

2. 配送是综合性的、一体化的物流活动

配送是在市场经济条件下，在"供大于求"的买方市场环境中派生出来的专业化的分工方式。配送不是单纯的送货，而是组织订货、签约、进货、储存、分拣、加工、包装、配装、送达货物等，及时对货物进行分配、供应处理。

3. 配送是"配"和"送"的有机结合

配送是在合理区域范围内的送货。配送不宜在大范围内实施，通常局限在一个城市或地区范围内进行。配送活动，在送货之前必须依据客户的需求对其进行合理的组织与计划。而大多数客户的要求除了具有多品种、小批量特点外，对送货时间也提出了要求。只有"有组织、有计划"地"配"（如配货、配装等），才能实现现代物流管理中要求的"低成本、快速度"送货，进而有效满足客户要求。

4. 配送是供应者送货到户式的服务性供应

从服务方式来讲，配送是一种"门到门"的服务，可以将货物从物流据点一直送到客户的仓库、营业场所、车间、生产线的起点或者客户手中，有时甚至还会根据客户要求提供相应的服务，如家具组装、家用电器安装等。

5. 配送是物流和商流有机结合的商业流通模式

配送是物流中的一种特殊的、综合的活动形式，配送融合了物流、商流，是一种有效的商业模式。配送作业的起点是集货，终点是送达服务，其中包括订货、交货等商流活动。配送几乎包括了所有的物流功能要素，是物流的一个缩影或在小范围内物流全部活动的体现。

（二）配送的作用

1. 完善干线运输中心的社会物流功能体系

由于大吨位、高效率运输力量的出现，干线运输在铁路、海运以及公路运输方面均达到了较高水平，长距离、大批量运输实现了低成本化。但是，干线运输之后要辅以支线运输和小搬运。这一环节成了物流过程中的薄弱一环。支线运输和干线运输不同，要求灵活性、适应性、服务性，如果按照传统的送货作业就会出现运力利用不合理、成本过高等难题。而采用配送方式，按照客户要求，将"配"与"送"有机结合起来，可以在一定范围内将干线、支线运输与仓储等环节统一起来，形成一个大范围物流与局部范围配送相结合的、完善的物流配送体系，使物品的输送过程更为合理、流畅，不仅方便了客户，还优化了物流系统。

2. 提高末端物流的经济效益

采用配送形式，通过增加进货批量来获得价格优势，可降低采购成本；又通过将若干客户集中在一起，按客户要求的商品、规格、型号、数量等"配"在一起进行发货，以取代分别向不同客户进行小批量送货，从而降低物流成本，提高了末端物流的经济效益。对于电商企业和零售行业而言，配送还促进了销售，提高了商品流动效率，保证了货源的稳定性。

3. 降低企业库存，保障供应

如果配送中心向生产企业配送原材料，当实现了高水平的配送之后，尤其是采用准时配送方式之后，生产企业可以完全依靠配送中心的准时配送而不需要保持自己的库存，即可满足企业一线对原材料的需求；或者保持少量保险库存而不必保持数量较高的经常储备，以应对不确定性意外发生所造成的原材料短缺。这样可以将企业从库存的包袱中解脱出来，释放出大量资金，从而改善企业的财务状况。

4. 简化事务，方便客户

采用配送方式，客户只需要从配送中心一处订货就能实现原来向多处采购的目的，只需组织对一个配送单位的接货便可替代原来的高频率接货，因而可以大大减轻客户的工作量和负担，节省订货、接货等一系列费用开支。

5. 物流配送体系是电子商务的支持系统

电子商务物流的特点是地域广、随机性强、小批量，建立配送网络可以更好地满足电子商务发展的需要。物流配送可以为电子商务的客户提供服务，根据电子商务的特点，对整个物流配送体系实行统一的信息管理和调度，按照客户需求在物流基地完成理货，并将配好的货物送交收货人。

（三）配送的分类

1. 按配送的组织者分类

（1）商店配送

商店配送的组织者是商店或商品的门市网点。这些网点主要承担商品的零售，规模不大，但经营品种比较齐全。商店除经营的零售业务外，还可根据客户的需求，将商店经营的品种配齐，或代客户订购一部分本商店平时不经营的商品，与商店经营的品种一起配齐送交客户。这种配送组织者实力有限，配送商品大多是日常用品，且配送量小。由于商店或网点承担零售的职能，虽然配送规模不大，但是品种齐全。

（2）配送中心配送

组织者是专职配送中心，规模较大。有的配送中心需要提前储存各种商品，储存量比较大；有的配送中心储存量较小，货源靠附近的仓库补充。

配送中心专业性较强，与客户建立了稳定的配送关系，通常仅在自己的经营范围内开展业务，一般实行计划配送，对需配送的商品持有一定库存量。

配送中心的设施及工艺流程是根据配送需要专门设计的，配送能力强，可实现较广的配送范围，配送品种多、数量大。配送中心可以承担工业生产需要的主要物资配送，以及向商店实行的补充性配送等。

配送中心配送是配送的主要形式，但由于需要大规模的配套设施（如配送中心建筑、车辆、路线等），初期投资成本较高，且灵活机动性有限，存在一定的局限性。

（3）仓库配送

仓库配送是以一般仓库为物流据点进行配送的配送形式，具体可分为两种类型：其一是把仓库完全改造成配送中心；其二是在保持仓库原功能的前提下，以仓库原功能为主，再增加一部分配送职能。

由于仓库配送并不是按配送中心的要求专门设计和建立的，因此仓库配送的规模较小，配送的专业化程度较低。但这种形式可以充分利用原仓库的储存设施、收发货场地、交通运输线路等，在不需要大量投资的前提下，开展中等规模的配送。

（4）生产企业配送

生产企业配送是指生产企业自行配送，不需要再将产品发运到配送中心进行配送的一种配送方式。

这种配送形式的组织者是生产企业，尤其是进行多品种生产的企业。由本企业直接组织配送，无须将产品发运到配送中心进行配送，避免了物流中转，具有一定优势。但是，现代生产企业的生产往往是大批量、低成本、品种单一，不能像配送中心那样依靠产品凑整运输取得优势。因此，生产企业配送不是配送的主要形式。

一般情况下，不适于中转的化工产品及地方建材和就地生产、就地消费的食品、饮料、百货等领域可能会采用生产企业配送的形式。

2. 按配送商品种类及数量分类

（1）少品种、大批量配送

这种配送适用于需求数量较大的商品，单独一种或少数几种就可以达到较大运输量，可实行整车运输，如煤炭等。由于这种货物不需要再与其他货物进行搭配，可由专业性较强的配送中心实行配送。配送中心内部设置、组织、计划等工作较为简单，配送成本较低。

（2）多品种、小批量配送

按客户要求，将所需的各种商品（每种商品需要量不大）配备齐全，凑成整车后由配送中心送达客户手中。这种配送作业要求高、配货送货难度大，必须由高水平的组织工作做保障，是一种高水平、高技术的配送方式。

多品种、小批量配送往往伴随多客户、多批次的特点，配送频率较高，适应现代社会"消费多样化""需求多样化"的观念，适合日用商品的配送。

（3）配套成套配送

配套成套配送是指依据企业的生产需要，尤其是装配型企业的生产需要，把生产每一台设备所需的全部零部件配齐，按照生产节奏定时送达生产企业，生产企业随即将此成套零部件送入生产线装配产品的一种配送方式。这种配送形式，配送企业承担了生产企业大部分的供应工作，帮助生产企业专注于生产，与多品种、小批量配送效果相近。

3. 按配送的组织形式分类

（1）集中配送

集中配送是指由专门从事配送业务的配送中心对多个客户开展配送业务。集中配送的品种多、数量大、一次可同时对同一线路多家客户进行配送，配送的经济效益明显，是配送的主要形式。

集中配送通常服务于各大超市中的日常食品与日用杂货。

（2）共同配送

共同配送是指由多个企业或其他组织整合多个客户的货物需求后联合组织实施的配送方式。一般是几个配送中心联合起来，共同制订计划，共同对某一地区的客户进行配送，在具体执行配送作业计划时，共同使用配送车辆。共同配送可提高车辆实载率，提高配送经济效益和效率，有利于降低配送成本。例如，将不同温控需求的货物，安排在同一个车辆上进行送货的多温共配模式，就可以在运输过程中用同一趟车载运两种以上不同温控需求的货物。

（3）分散配送

分散配送是由商业零售网点对少量、零星商品或临时需要的商品进行的配送业务。这一配送模式适用于近距离、多品种、小批量商品的配送。

（4）加工配送

加工配送是指配送和流通加工相结合，即在配送中心设置流通加工环节，或者将流通加工中心与配送中心建立在一起。当现有的产品不能满足客户需求时，或者用户根据本身的工艺要求，需要使用经过某种初加工的产品时，企业可以加工产品后进行分拣、配货再送货给客户。

加工配送将流通、加工和配送一体化，使加工更有计划性，减少了盲目性，使配送服务更趋完善。对于配送企业而言，除依靠送货服务、销售经营取得收益外，还可通过加工增值取得收益。

4. 按配送时间及数量分类

（1）定时配送

按规定的时间间隔进行配送，配送的品种和数量可根据客户的要求有所不同。时间间隔可以是数天一次或数小时一次等，每次配送的品种及数量可按计划执行，也可在配送之前以提前商定的联络方式通知配送品种及数量。

定时配送由于时间确定，便于客户组织人员、设施设备接货。对于配送企业而言，这种服务方式易于安排工作计划、易于合理安排配送车辆和线路优化，有利于对多个客户实行共同配送。但是由于配送货物种类经常变化，增加了配货、配载的难度，在客户要求的配送数量变化较大时，也会造成配送运力安排困难。定时配送包括小时配、日配、隔日配送、周配送、旬配送、月配送等。

（2）定量配送

按规定的批量进行配送，但不严格限定时间，只是规定在指定的时间范围内配送。这种配送方式数量固定、计划性强、备货工作简单，可以按托盘、集装箱及车辆的装载能力规定配送的批量，能有效利用托盘、集装箱等集装方式，也可做到整车配送，配送效率较高。由于配送时间没有严格限定，可将不同客户所需货物凑齐整车后配送，充分利用了运力，配送成本较低。对于客户而言，每次接货都处理相同数量的货物，有利于组织人力、物力做好接货工作。

（3）定时定量配送

定时定量配送是指按规定的准确时间和固定的配送数量进行配送。这种配送方式兼有定时、定量两种配送方式的优点，但特殊性强，计划难度大，适合采用的对象不多，不是一种普遍使用的方式。

（4）即时配送

即时配送是指立即响应客户提出的即刻服务要求并且在短时间内送达的配送方式，是一种灵活性很高的应急配送方式。采用这种方式的货物用即时配送代替保险储备,实现了保险储备的零库存。这种配送方式不预先确定不变的配送数量,也不预先确定不变的配送时间及配送路线,因此配送成本较高,管理水平也很高,只有具备完善的设施和较强应变能力的专业化配送中心才能大规模开展这种业务。

5. 按经营形式分类

(1)销售配送

销售配送是指销售性企业作为销售战略的一环所进行的促销型配送。

销售配送的配送对象往往是不固定的,客户也往往是不固定的,配送中心依据对市场的占有情况确定配送对象和客户,配送的经营状况也取决于市场状况,配送随机性较强、计划性较差。各种类型的商店配送、电子商务网站配送一般都属于销售配送。销售配送的经营模式有批发分销型销售配送和零售型销售配送两种。

批发分销型销售配送的应用领域主要是大型商业批发企业,大型工业、农业企业在国际贸易中或全国性、大范围的批发分销。批发企业通过配送中心把商品批发给各零售商店。批发企业也可与生产企业联合,生产企业可委托配送中心储存商品,按厂家指定的时间、地点进行配送。

零售型销售配送是面向广大客户的配送,主要是"门到人"和"门到门"方式的配送。零售型销售配送可以采用电子商务的交易方式,也可以采用电话订货、传真订货、通信订货及现在广泛采用的商店购货等方式进行交易活动;然后采用"商物分离"的方式,由配送中心或者商店进行配送。

(2)供应配送

供应配送是客户或客户集团为了自己的供应需求所采取的配送形式。一般由客户或客户集团组建配送据点,集中组织大批量进货(以便取得批量折扣),然后向本企业配送或向本企业集团的若干企业配送。在大型企业、企业集团、联合企业中,常常采用这种配送形式组织对本企业的供应。例如,商业中广泛采用的连锁商店,就经常采用这种方式。

供应配送的对象、客户的需求、客户的服务要求明确具体,有助于供应配送的组织者形成较强的计划性、较为稳定的渠道,有利于提升配送的科学性和强化管理。供应配送的组织者可以是本企业,也可以是社会物流服务商。

(3)销售供应一体化配送

销售企业对于基本固定的客户和基本确定的配送产品,可以在销售的同时承担客户有计划的供应者的职能,既是销售者同时又是客户供应代理人。对于某些客户来讲,这样就可以解除自己的供应机构,而委托销售者代理。例如,A 配送中心与生产厂家 B1、B2······Bn 及 C 连锁超市签订合同,负责生产厂家 B1、B2······Bn 的销售配送,又负责 C 连锁超市的供应配送。配送中心具有上接生产企业的销售配送、下连客户的供应配送两种职能,实现了配送中心与生产企业及客户的联合。

销售供应一体化配送是配送经营中的重要形式。这种形式有利于形成稳定的供需关系,有利于采取先进的计划手段和技术手段，有利于保持流通渠道的畅通稳定。

（4）代存代供配送

客户将属于自己的货物委托配送中心代存、代供，有时还委托代订，然后由配送中心按需组织配送。这种配送在实施前不发生商品所有权的转移，配送中心只是客户的委托代理人，货物所有权在配送前后都归客户所有，所发生的只是货物位置的转移。配送中心仅从代存、代理中获取收益，而不能获得货物销售的经营性收益。

二、配送中心认知

（一）配送中心的概念和作用

1. 配送中心的概念

配送中心（Distribution Center，DC）是具有完善的配送基础设施和信息网络，可便捷地连接对外交通运输网络，并向末端客户提供短距离、小批量、多批次配送服务的专业化配送场所。

配送中心在流通企业实施供应链管理中扮演着重要的角色。许多学者认为，物流配送中心是在传统仓库的基础上逐步发展而来的。20 世纪 70 年代，企业开始挖掘物流过程中的经济潜力，并对物流过程进行细分。同时，市场经济体制下买方市场的形成，服务质量的优劣成为企业能否取得成功的关键。因此，出现了"营销重心下移""贴近顾客"的营销战略，并且"贴近顾客"一端的"末端物流"受到了空前重视。

配送中心是为了适应新的经济环境，在传统仓库的基础上不断进化和演变而成的创新性物流设施。它通过提高物流效率和降低物流成本，改善了企业的经济效益和社会效益，并为整个供应链的协调与优化提供了支持和保障。

2. 配送中心的作用

（1）基于供应方的角度（以制造企业为例）

① 有助于企业降低销售环节的物流成本

通过简化货物供应链和集中运输，配送中心降低了物流成本。"小批量、多批次"的配送要求加大了企业产品配送管理的难度，如果继续按照传统的"一对一"送货模式，不可避免将增加物流成本。而配送中心参与到产品送货环节，将"配"和"送"有机结合，从而在满足客户需求的同时还降低了物流运作成本，这是配送中心最根本的作用。

② 有助于企业电子商务业务的开展

电子商务是制造企业未来销售模式的发展方向。传统的货物配送体系并不能满足电子商务发展的要求，配送中心是随着现代物流技术的发展而出现的，是对传统物流配送体系运作模式的改进，它提高了货物配送的效率，缩短了企业对产品需求变化的反应时间。产品自销模式可以减少产品销售中不必要的环节，从而降低产品销售的成本。企业可以通过合理地建设配送中心改善企业的配送体系，以支持企业电子商务业务的发展。

③ 提高企业的服务质量和产品的市场竞争力

产品种类日新月异，客户选择品牌的范围越来越大，同类产品制造企业之间的竞争愈演愈烈。在此背景下，如果产品不能适时、适量送交客户，可能会造成客户流失。因此，提升配送服务水平，是锁定客户的经营手段之一。制造企业建设配送中心，可以缩短产品的交货时间，增加供货频率，提供适时、适量的配送服务，达到客户要求。因此，伴随着企业配送服务水平的提高，产品的市场竞争力也会提高。

④ 提高物资利用率和库存周转率

配送中心具有集货功能，可以使有限的库存在更大范围内为更多客户所利用。随着客户数量的增加，多样化的客户需求将提高物资利用率和库存周转率；由于仓储与配送环节建立和运用规模经济优势，单位存货配送和管理的总成本也随之下降。

（2）基于需求方的角度（以连锁门店为例）

① 降低进货成本

配送中心集中进货不仅降低了进货成本，还可以享受批量价格优惠，从而降低产品成本，提高利润。

② 改善门店的库存水平

连锁门店订货具有小批量、多批次的特点，配送中心进行及时配送有利于门店实现无库存经营。

③ 减少门店采购、验收、入库等费用

配送中心可以利用软硬件系统，大批量、高效率地检验、登记入库，大大简化各个店铺的相关工作程序。

④ 减少交易费用，降低物流整体成本

假如，M 个厂商同 N 个客户（店铺）分别交易，交易次数为 M×N 次；如果以配送中心为中介进行交易，则交易次数仅为 M+N，如图 1-1 所示。显然，厂商及其客户的数目越多，节约的费用就越明显。

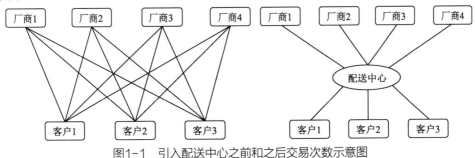

图1-1　引入配送中心之前和之后交易次数示意图

⑤ 促进信息沟通

连锁门店的配送中心，上与多家厂商建立业务合作关系，下为连锁门店提供配送服务，是供需双方的中介，掌握着供应商的产品信息与需求方的需求信息，产品的质量问题及需求信息等均可通过配送中心迅速反馈。

（二）配送中心的功能

一般来讲，物流配送中心的功能主要包括以下几个方面。

1. 集散功能

配送中心凭借其在物流网络中的枢纽地位和拥有的各种先进设施设备，将分散在各个生产企业的货物集中到一起，再经过分拣、配装，而后向多家客户发货。同时，为了使货载批量更加合理、经济，配送中心还能把每个客户所需的多种货品有效地组合、配装在一起。利用配送中心这一功能集散货物，可以提高卡车的满载率并降低物流成本。

2. 衔接功能

通过开展配送活动，配送中心客观上充当了生产和消费的媒介，它能把各种工业品和农产品直接运送到客户手中，这是配送中心衔接功能的一种重要体现。此外，配送中心在衔接功能上还具有另一种作用，就是通过集货和储存货物，保证供求平衡。这一作用能够有效地解决季节性货物的产需衔接问题。由于配送中心具备吞吐货物和储存物资的功能，它能够起到调节产品供求关系的作用，进而解决生产与消费之间的时间差和矛盾。

3. 储存与库存控制

为了及时满足市场需求和应对不确定性，无论何种类型的配送中心，均须具备储存功能。生产企业的所谓"零库存"是将库存转移至物流企业和商业企业，以减少自己的资金占用。储存功能主要在于保存物品的使用价值、减少自然损耗，调节市场供需，缓解销售季节性波动带来的影响，平衡生产与消费之间的矛盾，在供应不稳定的情况下满足客户需求。

物品在储存期间，为了降低总库存成本，同时更好地满足客户需求，提升自身服务水平，配送中心需要采用现代化的库存控制方法，确定合适的订货时间和批量，向上游供应商订货以补充库存，做好库存控制工作。

4. 分拣、配货

分拣是将物品按一定目的进行分类、拣选的相关作业。由于配送中心所面对的客户众多，客户对所需物品的品种、规格、数量及送达时间等方面的要求差异很大，分拣作业将物品按品种、出入库先后顺序分门别类地堆放，是配送中心"配"的精髓，是配送中心高水平物流服务的体现，也是配送中心与普通仓库的主要区别之一。

为了确保物品的品种、规格、数量和包装等符合客户的要求，配送中心需要将拣取分类完成的商品经过配货检查，装入容器和做好标识，再运到发货准备区，待装车后发送。通过集中配货，配送中心可以将多个客户的订单集中起来，在满足客户个性化需求的同时实现物品的快速流通和规模经济效应，提高整体效益。

5. 配送运输

配送运输是指将被订购的货物使用汽车或其他运输工具从供应点送至客户手中的活动。配送运输通常是一种短距离、小批量、高频率的运输形式，它以服务为目标，尽可能满足客户要求。如果仅从运输的角度看，它是对干线运输的一种补充和完善，属于末端运输、支线运输，一般使用汽车作为运输工具。

6. 送达服务

配好的货物需要送达客户的手中，配送中心的送达活动需要考虑送货的地点、卸货的方式及相关手续的办理等，使配送工作圆满结束。

7. 加工功能

加工功能是物流配送系统中的重要环节，它可以满足客户的个性化需求，提高产品的附加值和竞争力，同时也可以提高物流配送的效率和效益。配送中心通常根据进出库产品的物流特性，与固定的制造商或分销商进行长期合作，对库存产品进行某些加工作业。

8. 装卸搬运

配送中心离不开装卸搬运作业。装卸搬运作业效率的高低、质量的好坏直接影响配送的速度和质量。因此，配送中心应配备专业化的装载、卸载、码垛等装卸搬运机械，提高装卸搬运作业的效率。装卸搬运本身不产生价值，并且不合理的装卸搬运还会损坏产品，故应尽量减少装卸搬运的次数并缩短其距离。

9. 物流信息处理

配送中心的整个业务活动涉及众多信息的处理。配送中心利用信息技术对配送作业过程中产生的信息进行采集、处理、分析和应用等操作，保证配送中心业务顺利进行。配送中心的信息管理系统可以帮助配送中心与上游供应商、下游客户和其他合作伙伴进行协作与沟通，识别和管理潜在的风险，确保供应链顺畅运行，提高整体效率和服务质量。

需要注意的是，不同的配送中心可能会具有不同的功能，具体的功能会随着业务需求的变化而变化。

三、配送管理概述

（一）配送管理的概念

配送管理是指为了以最低的配送成本达到客户所满意的服务水平，对配送活动进行的计划、组织、协调与控制。具体来说，配送管理是按照客户的要求，运用合理的拣货策略、编制最佳配送作业计划、选择最优配送线路，以恰当的方式将商品送交客户，实现商品最终配置的经济活动。

（二）配送合理化

配送管理最根本的指导原则是实现配送合理化。所谓配送合理化，是指对配送设备配置和配送活动组织进行调整，实现配送系统整体优化的过程。它具体表现在兼顾成本与服务上。配送合理化就是以尽可能低的配送成本获得可以接受的配送服务，或以可以接受的配送成本达到尽可能高的服务水平。

1. 配送合理化的基本思想

配送活动各种成本之间经常存在此消彼长的关系，配送合理化的一个基本思想就是"均衡"，从配送总成本的角度权衡得失。不求极限，但求均衡，均衡造就合理。

2. 配送合理化的判断标志

对于配送合理化与否的判断，是配送决策系统的重要内容，目前尚无确定的技术经济指标体系和判断方法，按一般认识，以下若干标志是应当被纳入考虑范围的。

（1）库存标志

库存是判断配送合理与否的重要标志，具体指标有以下两种。第一，库存总量。在一个配送系统中，库存是从分散于各个客户转移给配送中心并实行一定程度的集中库存。配送中心在实行配送后库存数量与各客户在实行配送后库存数量之和应低于实行配送前各客户库存量之和。第二，库存周转速度。合理的配送可以加快库存周转速度，以低库存保持高供应程度。此外，从客户角度进行判断，比较各客户在实行配送前后的库存周转速度快慢，也是判断配送合理与否的标志。

（2）资金标志

总体来讲，实行配送应有利于资金占用降低及资金运用的科学化，具体判断标志如下。第一，资金总量。用于资源筹措所占用流动资金总量，随储备总量的下降及供应方式的改变必然有一个较大幅度的降低。第二，资金周转。从资金运用角度来讲，由于整个节奏加快、资金充分发挥作用，同样数量的资金，过去需要较长时期才能满足一定供应要求，配送之后，在较短时期内就能达到此目的。资金周转是否加快，是衡量配送合理与否的标志。第三，资金投向的改变。实行配送后，资金必然应当从分散投入改为集中投入，以增强调控作用。

（3）成本和效益标志

总效益、宏观效益、微观效益、资源筹措成本都是判断配送合理化的重要标志。成本和效益对于合理化的衡量，还可以具体到储存、运输等配送环节，使合理化判断更为精细。

（4）供应保证标志

实行配送，客户的最大顾虑是害怕供应保证程度降低，所以配送必须提高对客户的供应保证能力。供应保证能力可以从缺货次数、供应能力、即时配送的能力及速度三个方面判断。对于每一个客户来讲，实行配送后，缺货次数减少、保证供应程度提高、客户紧急进货能力及速度提升才算合理。

（5）社会运力节约标志

运力使用的合理化是依靠送货运力的规划、整个配送系统的合理流程及与社会运输系统合理衔接实现的。送货运力的规划是任何配送中心都需要花力气解决的问题，可以简化判断标志为：社会车辆总数减少，而承运量增加；社会车辆空驶减少；一家一户自营运输减少，社会化运输增加。

（6）物流合理化标志

配送必须有利于物流合理化，判断标准包括：是否降低了物流费用；是否减少了物流损失；是否加快了物流速度；是否发挥了各种物流方式的最优效果；是否有效衔接了干线运输和末端运输；是否不增加实际的物流中转次数；是否采用了先进的管理方法和技术手段。

物流合理化的问题是配送要解决的大问题，也是衡量配送本身的重要标志。

（三）配送管理的内容

从不同的角度理解，配送管理包含的内容不同。具体来讲，配送管理包括以下六个角度的内容。

1. 配送模式管理

配送模式是指企业对配送所采取的基本战略和方法。企业选择何种配送模式，主要取决于配送对企业的重要性、企业的配送能力、市场规模与地理范围、保证的服务及配送成本等因素。目前主要形成了自营配送、共同配送和第三方配送三种配送模式。

2. 配送业务管理

配送的对象、品种、数量等较为复杂。为了做到有条不紊地组织配送活动，管理者需要遵守一定的工作程序对配送业务进行安排与管理。一定情况下，配送业务管理的内容主要有以下两个方面。

（1）选择配送路线

配送路线合理与否对配送速度、成本、效益的影响很大，配送线路的优化设计对合理、快速地配送起关键作用。因此，采用科学的方法确定合理的配送路线是非常重要的一项工作。确定配送路线可以采取各种数学方法及在数学方法基础上发展、演变出来的经验方法。现在市面上已有多个软件，可以帮助管理者及员工设定配送路线，避免了烦琐的数学计算。

（2）拟订配送作业计划

配送作业计划是根据客户订单的需求情况，对配货和送货作业的具体规划，是配送作业的指导文件。

① 编制配送作业计划的依据。其依据包括客户的订单、客户的地理位置分布情况、所配送货物的具体情况、运输及装卸作业的环境条件等。

② 配送作业计划的种类。一般包括配送作业主计划、日配送作业计划和应急配送作业计划。

第一，配送作业主计划是指相对稳定的配送业务的长期计划，是规划企业规模、确定设备设施数量及企业人员的依据。对应的时间段较长，一般业务规模、类型等比较稳定。例如，为迎接家电行业每年3—7月空调销售旺季的到来，配送中心可以提前根据各个客户上一年的销售情况及本年度的预测情况，预测本年度空调销售旺季的配送需求量，并据此制订空调销售旺季的配送作业主计划，提前安排车辆、人员等，以保障销售任务顺利完成。

第二，日配送作业计划是指配送中心逐日进行实际配送作业的调度计划。例如，订单增减、订单取消、配送任务细分、时间安排、车辆调度等。制订日配送作业计划的目的是使配送作业有章可循。与配送作业主计划相比，配送中心的日配送作业计划更具体。

第三，应急配送作业计划是指配送中心针对突发事件或者不在主计划规划范围内的配送业务，或者不影响正常性每日配送业务所做的计划。它是配送作业主计划和日配送作业计划的必要补充。例如空调在特定商场进行促销活动，可能会导致短期内配送需求量突然增加，这就需要制订特殊的配送计划，增强配送业务的柔性，提升服务水平。

③配送作业计划的主要内容。

第一，人、财、物的调配计划，包括完成相应配送作业需要的人员数量、技能要求和人员的分工、调度安排，需要的资金支持，以及需要的设备设施数量和其他要求。

第二，订单处理作业的具体安排计划，用于指示订单操作人员按照一定的操作原则、时间进度、其他要求等完成订单处理工作。

第三，拣货作业计划，是对拣货作业工作过程的具体安排，包括生成分区拣选任务、安排拣选人员分工、拣选设备选择与使用计划等，以保障拣货作业顺利完成。

第四，送货作业计划，包括送货路线的优化、车辆配载、车辆调度、送货等工作过程的具体安排。

3. 配送作业管理

尽管不同产品的配送可能有其独特之处，但是多数产品的配送都要经过进货、储存、订单处理、拣货、配货、送货等作业，对这个流程中的各项活动进行计划、组织、协调、控制就是配送作业管理。

4. 对配送系统各要素的管理

对配送系统各要素的管理主要包括人员管理、物资管理、财务管理、技术管理和信息管理等。

5. 对配送活动中具体职能的管理

对配送活动中具体职能的管理主要包括配送作业计划管理、配送质量管理、配送技术管理和配送经济管理等。

6. 配送中心管理

配送中心是专门从事配送活动的场所或者组织，配送中心管理是指从企业组织管理的角度对配送中心涉及的各项工作进行妥善的安排。

任务二　智慧配送认知

一、智慧配送概述

（一）智慧配送的概念

智慧配送是一种以互联网、物联网、云计算、大数据、AI 等先进信息技术为支撑，在订单处理、配送调度、流通加工、信息服务、运力智能化等物流配送的各个环节，实现系统感知、全面分析、及时处理和自我调整等功能的智能化、信息化的配送系统。它通过各种先进的信息技术提高配送效率和准确性，降低成本，提高客户满意度。

（二）智慧配送的特点

1. 自动化

智慧配送通过自动化技术和设备，实现配送过程的自动化，提高配送效率和准确性。

2. 智能化

智慧配送通过大数据分析和人工智能技术，实现对配送过程的智能化决策，如智能路径规划、智能调度、智能预测等，提高配送效率和准确性。

3. 可视化

智慧配送通过物联网技术和可视化技术，实现对配送过程的实时监控和跟踪，及时掌握配送状态和位置。

4. 网络化

智慧配送通过互联网技术，实现与供应商、生产商、客户等各方的网络化协同，实现信息共享和协同作业，提高供应链的透明度和协同效率。

5. 柔性化

智慧配送通过柔性化的技术和设备，适应不同的配送需求和场景，提升配送的灵活性和适应性。

（三）智慧配送的应用

智慧配送系统可以帮助企业提高效率、降低成本、提高客户满意度及增强竞争力。智慧配送系统在各行各业得到了广泛的应用，以下是一些常见的应用场景。

1. 零售行业

智慧配送系统为零售商提供更快速、准确的配送服务，提高客户满意度和销售量。

2. 柔性生产

智慧配送系统通过实时的数据分析，预测需求并提前备货，保证生产线稳定运行；根据生产计划，精准地配送物料，确保生产顺利进行。

3. 电商物流

智慧配送系统通过优化配送路线，提高配送效率；通过预测客户的购买行为，提前备货，减少客户等待时间；实时跟踪包裹位置，提供准确的配送信息，提高客户的满意度。

4. 冷链物流

智慧配送系统通过实时监控温度、湿度等环境条件，确保冷链物品的品质和安全；通过优化配送路线和运输方式，提高配送效率并降低成本。

5. 餐饮配送

在餐厅、饭店等场所的送餐服务中，通过智能配送机器人实现快速、准确的送餐服务。

6. 医疗保健

智慧配送系统为医院、诊所等医疗机构提供快速、准确的药品、医疗物资等物品的配送服务。

7. 智能仓储

结合智能仓储技术，实现仓库物品的自动化分拣、入库、出库等操作，提高仓库管理的效率和准确性。

8. 智能交通

与智能交通系统对接，实现路况信息的实时获取和配送路径的优化，提高配送的效率和准确性。

总之，智慧配送系统的应用场景非常广泛，随着技术的不断发展和应用场景的不断扩大，智慧配送系统将会得到更广泛的应用。

二、智慧配送信息技术

信息技术在配送中心的应用是不可或缺的。它可以帮助配送中心实现信息化、智能化和个性化管理，提高物流运作的效率、准确性和可监控性，降低成本，提高客户满意度。配送中心涉及的信息技术有很多，主要包括自动识别技术、电子数据交换、全球定位系统、地理信息系统、计算机网络、人工智能技术、云计算等。其中，自动识别技术包括条码识别技术、射频识别技术、生物识别技术、图像识别技术、磁卡识别技术等。下面主要介绍条码识别技术、射频识别技术、图像识别技术、地理信息系统和云计算。

（一）条码识别技术

1. 一维条码

它是由平行排列的宽窄不同的线条和间隔组成的二进制编码。这些线条和间隔根据预定的模式进行排列，并且表达相应记号系统的数据项。宽窄不同的线条和间隔的排列次序可以解释成数字或者字母。通过光学扫描可对一维条码进行阅读，即根据黑色线条和白色间隔对激光的不同反射进行识别。常见的一维条码如表1-1所示。

表1-1 常见的一维条码

名称	EAN	Code39	Code128	Coda bar	Interleaved 2 of 5
符号	0 00123 45678 4	*12345678*	12345678	A12345678A	12345678
字符限制	长度分13位或8位，只可以编制0～9十个数字	长度可自由调整，可用字母、数字和其他一些符号共43个字符表示	长度可自由调整，但最多不超过232个字符	长度可自由调整，条码字符集仅20个字符	长度仅为偶数位，只可以编码0～9十个数字
特征	可识别国家/地区，满足国际通用要求，有检查码	允许双向扫描，具备自我检查能力	允许双向扫描，可自行决定是否加上检查码，具有3种不同的编码类型，可提供标准ASCII中128个字符的编码使用	没有检验位，具备自我检查能力	没有检验位，具备自我检查能力
应用	世界通用码，用于日常零售、商品识别	常用于企业内部管理，如工业生产线领域、图书管理、快递物流、仓库管理、零售批发和产品标识等	常用于企业内部管理、生产流程、物流控制系统，是当今应用最广泛的条码码制之一	常用于物料管理、图书馆、血库血站和当前的机场包裹发送跟踪管理	常用于商品批发、仓库、机场、生产/包装识别、工业中

2. 二维码

二维条码（简称二维码）是在一维条码无法满足实际应用需求的前提下产生的。由于受信息容量的限制，一维条码通常对物品进行标示，而不是对物品进行描述。二维码能够在横向和纵向两个方向同时表达信息，能在很小的面积内表达大量的信息。常见的二维码如表1-2所示。

表1-2　常见的二维码

名称	Data Matrix	QR Code	PDF 417	Coda 49	汉信码
特征	由许多小方格组成的正方形或长方形符号，编码字符集包括全部的ASCII字符及扩充ASCII字符，只需要读取资料的20%即可精确辨读	上方两个角和左下角各包含一个小的定位图形，可实现任意角度的高速识别，编码字符集包含数字、字母、汉字和日文，具有4个等级的纠错功能	堆叠式条码，可表示数字、字母、二进制数据和汉字，具有9个等级的纠错功能，纠正等级最高时，即使条形码污损50%，也能被正确读出	堆叠式条码，可表示全部的128个ASCII字符	由n×n个正方形模块构成的正方形阵列，同时支持汉字、英文、日文、德文、阿拉伯文、希伯来文等全系列语言文字高效编码的码制，是表示汉字信息的首选码制
应用	常用于高温机械剥蚀等环境	常用于电子票务和B2B领域等	常用于海关报关单、货物运输和邮递等	常用于食品、工业等	常用于政府/军队、物流/供应链、生产/制造、移动商务、数字医疗等

一维条码与二维码的特点对比如表1-3所示。

表1-3　一维条码与二维码的特点对比

一维条码	二维码
可直接显示内容为英文、数字、简单符合	可直接显示英文、中文、数字、符号、图形
储存数据不多，主要依靠数据库	储存数据量大，是一维条码的几十倍到几百倍
保密性能不高	保密性能高（可加密）
污损后可读性差	安全级别最高，污损50%仍可读取完整信息
译码错误率为百万分之二	误码率不超过千万分之一，可靠性极高

3. 条码识别技术在物流配送中的应用

条码可用于配送中心的货位管理、订货、进货、储存、订单处理、拣货、配货、送货作业等配送活动的各个环节。配送作业过程中产生的各种单据、托盘、货位、货物均可以使用条码识别技术，简化配送作业流程，提高作业效率和质量。同时，还可以减少人工操作，降低错误率和风险，节约成本。

（二）射频识别技术

1. 射频识别技术的概念及原理

射频识别技术（Radio Frequency Identification，RFID）是通过无线电波进行数据传递的自动识别技术，是一种非接触式的自动识别技术。它利用射频信号自动识别目标对象并获取相关数据，无须人工扫描仪器读取。RFID 系统主要由标签（Tag）、阅读器（Reader）和中间件（Middleware）三部分组成。

标签是电子标签，包含芯片和天线，可以存放产品信息和其他数据。它不需要电池供电，通过阅读器发出的射频信号获取能量，并把存储的数据发送给阅读器。

阅读器通过发射射频信号来激活并读取标签的数据，它连接服务器和 RFID 系统的中间件。阅读器的读取范围由其发射功率和接收灵敏度决定，一般在几厘米到几十米。

中间件是 RFID 系统的信息处理中心，它连接阅读器和后端服务器，用于过滤、处理来自阅读器的标签数据，并将数据发送到相关的后端数据库或应用系统。部分中间件还具有 RFID 数据的过滤、聚合和事件管理等功能。

2. 射频识别技术的特点

（1）非接触式识别。射频识别技术通过无线电波进行数据的读取与传输，无须直接接触物体，避免了传统条形码扫描的烦琐操作，提高了分拣速度和准确性。

（2）大规模识别。射频识别技术可以同时读取多个标签，适用于大规模快速分拣场景。相比手动扫描，射频识别技术能够在短时间内处理更多的货物。

（3）高可靠性。射频识别技术对于环境的影响较小，可用于不同温度、湿度和光照条件下的识别。此外，射频标签的耐用性强，可以多次重复使用。

3. 射频识别技术在物流中的应用

（1）货物标识与追溯。将 RFID 标签与货物关联，可以实现货物的实时标识和全程追溯。在仓储环节中，通过 RFID 标签的读取，可获取货物的位置、状态和运输信息，加强分拣的可视化管理，降低分拣错误率。

（2）自动化分拣系统。结合 RFID，自动化分拣系统能够快速识别和定位货物，并将其分拣到指定的目的地。通过 RFID 标签的信息，系统可以智能地进行分拣路径规划和任务分配，提高分拣效率和准确性。

（3）库存管理和优化。通过 RFID，可以实时监测货物的出入库情况，准确掌握库存数据和位置信息。借助中央系统的分析和优化功能，可以精确预测库存需求、提高库存周转率，避免过度储存和缺货。

（三）图像识别技术

图像识别技术是一种利用计算机对图像进行处理、分析和理解，以识别不同模式的目标和对象的技术。它是人工智能的一个重要领域，也是计算机视觉的一个重要组成部分。在物流领域，图像识别技术的应用主要体现在以下几个方面。

（1）自动化识别与跟踪。利用图像识别技术，可以自动识别物流中的货物、车辆、人员等，并对其进行跟踪，帮助企业实时掌握物流情况，提高管理效率。

（2）智能化分拣。在自动分拣中，图像识别技术常作为条形码识别的补充模块，当条形码识别出现异常时，由其获取产品信息，结合条形码识别结果，确定产品即将流向的分拣口。

（3）路径规划与优化。利用图像识别技术，可以自动识别仓库中的货物分布情况、设备的位置等，从而进行路径规划和优化。

（4）质量管理。通过图像识别技术，可以对货物的质量进行检测和识别，如检测包装是否完好、货物是否有损坏等，这可以提升物流服务质量，提高客户满意度。

（四）地理信息系统

地理信息系统（Geographic Information System，GIS）是多学科交叉的产物，它以地理空间数据为基础，采用地理模型分析方法，实时地提供多种空间的和动态的地理信息，是一种为地理研究和地理决策服务的计算机技术系统。其基本功能是将表格型数据（来自数据库、电子表格文件或直接在程序中输入）转换为地理图形显示，然后对显示结果浏览、操作和分析。其显示范围可以从洲际地图到非常详细的街区地图，显示对象包括人口、销售情况、运输线路以及其他内容。GIS 在物流行业的主要应用包括以下几个方面。

1. 配送中心选址

利用 GIS 的各项功能可以方便地确定哪些地理位置适合筹建配送中心，哪些位置的物流成本会比较低，哪些位置的运营成本比较低，综合考虑种种因素，有利于确定出最佳的配送中心位置。利用 GIS 的可视化功能可以显示出包含区域地理要素的背景下的整个物流网络（如现存物流节点、道路、客户等要素），一般规划者能够直观方便地确定位置或线路，从而形成选址方案和备选方案。

2. 最佳配送路线

利用 GIS 可以设置车辆型号以及载货量限制条件，车速限制、订单时间限制、融合多旅行商分析与导航规划，精选出最优配送路线。此外，还可以跟进客户需求将目的地一次性批量导入 GIS 中，根据订单地址精确生成地图点位，进而生成最佳配送路径，提高配送效率，节约配送成本。

3. 车辆跟踪和导航

GIS 能接收多种全球导航卫星系统（GNSS）传来的数据，并将它们显示在电子地图上，帮助企业动态地进行物流管理。首先，可以实时监控运输车辆，实现对车辆的定位、跟踪与优化调度，以达到配送成本最低，并在规定时间内将货物送到目的地，在很大程度上避免了迟送或者错送的现象；其次，根据电子商务网站的订单信息、供货点信息和调度信息，货主可以对货物随时进行全过程的跟踪与定位管理，掌握运输中货物的动态信息，增强供应链的透明度和控制能力，提高客户满意度。

4. 配送区域划分

企业可以参照地理区域，根据各个要素的相似点把同一层上的所有或部分要素分为几组，用以解决确定服务和销售市场范围等问题。例如某一公司要设立若干个分销点，要求这些分销点覆盖某一地区，且每个分销点的客户数目大致相等。

（五）云计算

云计算是一种基于互联网的计算方式，它通过虚拟化技术将计算资源（如服务器、数据库、数据库管理系统等）汇聚到一个虚拟的云中，然后通过网络对外提供服务。云计算的核心理念是服务，它以服务的方式提供计算和信息资源的访问和使用。

1. 云计算服务的三种模式

（1）基础设施模式（Infrastructure as a Service，IaaS）。提供给用户的是最基本的计算资源，包括服务器、存储设备、数据库等。用户可以部署和运行任意软件，包括操作系统和应用程序。在这种模式下，用户需要对所有云计算基础设施进行管理和控制。

（2）平台模式（Platform as a Service，PaaS）。提供给用户的是一种中间层，它位于基础设施和软件之间。用户可以使用供应商提供的开发语言（如 Java，Python，.Net 等）和工具开发或收购的应用程序部署到供应商的云计算基础设施上。在这种模式下，用户无须管理和控制任何云计算基础设施，包括网络、服务器、操作系统、存储等。

（3）软件模式（Software as a Service，SaaS）。提供给用户的是一种最顶层的云计算服务，它直接面向最终用户。在这种模式下，用户只需要通过浏览器就可以访问和使用供应商运行在云计算基础设施上的应用程序。

这三种模式各有其特点和应用场景，用户可以根据自身需求和实际情况选择适合的模式。

2. 云计算在物流配送中的应用

（1）智能仓储管理。云计算可以帮助配送中心实现仓储管理的实时监控和数据处理。例如，通过云计算，配送中心可以实时监控仓库中货物的存储情况、货物的出入库情况以及货物的位置等。这不仅可以提高仓储的效率和安全性，还可以帮助配送中心更有效地管理货物存储和调度。

（2）优化配送路线。云计算可以分析和处理大量的实时数据，如客户位置、交通状况、货物种类以及车辆信息等，以制定最优化的配送路线和方案。

（3）车辆调度和跟踪。配送中心可以使用云计算进行实时车辆调度和跟踪。例如，通过 GPS、RFID 等，云计算可以帮助配送中心实时监控和追踪车辆的位置和状态，从而更好地掌控货物的运输过程，提高配送的速度和准确性。

（4）预测分析。通过对历史数据和其他相关数据的分析，云计算可以帮助配送中心预测未来的需求，从而提前做好相应的准备。例如，根据季节性变化预测某些商品的需求增加，然后提前调配资源，确保在需求高峰期能够顺利进行配送。

（5）客户服务提升。云计算还可以提升客户服务。例如，客户可以通过云平台实时查询订单状态、配送进度等信息。同时，云计算可以帮助物流配送中心快速响应客户的咨询和投诉，提高客户满意度。

随着技术的不断发展，云计算在物流配送中的应用将会越来越广泛。

三、智慧配送硬件系统

常见的智慧配送硬件系统包括电子标签系统、自动化运输系统、自动存取系统、"货到人"拣选系统、自动分拣系统和智能配送运输设备。以上设施设备各具独特功能和作用，在仓储管理、仓储控制等系统软件的支持下共同协作，以实现高效、精准的配送服务。鉴于现代物流仓配一体的管理模式，电子标签系统、自动化运输系统、自动存取系统是仓储与配送共有的系统，此处不介绍，下面主要介绍配送属性突出的几个硬件系统。

（一）"货到人"拣选系统

"货到人"（Goods to Person or Goods to Man，GTP 或 GTM）拣选，即在物流拣选过程中，货物被自动输送到拣货员（也可以是机器人）面前，供拣货员拣选。换句话说，它就是在物流配送中心的拣选作业过程中，由自动化物流系统将货物搬运至固定站点以供拣选，即"货动人不动"。"货到人"拣选系统主要由三部分组成，即存储系统、输送系统和拣选系统。

1. 存储系统

"货到人"拣选系统的核心子系统是存储系统。从过去比较单一的立体库存储，发展到目前的多种存储方式，包括平面存储、立体存储、密集存储等，存储形式也由过去主要以托盘存储转变为主要以料箱（或纸箱）存储。主要的存取方式和技术包括：托盘式自动化立体库（AS/RS）、料箱式自动化立体库（Miniload）、垂直旋转式货柜、搬运型 AGV 机器人（如亚马逊推出的 Kiva、京东地狼、海康机器人）、多层穿梭车（Multi Shuttle）、2D 和 3D 密集存储系统等。

2. 输送系统

"货到人"拣选系统的关键技术之一是解决快速存储与快速输送之间的匹配问题。例如，采用多层输送系统和并行子输送系统的方式，可完成每小时 3000 次以上的输送任务，完全满足电商物流系统要求匹配每小时 1000 次的要求。

由于"货到人"拣选系统输送流量较大，会大幅增加设备成本，从而导致物流系统整体成本大幅增加，需要综合考虑输送成本与输送效率的平衡。

3. 拣选系统

拣选系统即拣选工作站。拣选工作站的类型多样，其基本功能是准确完成快速拣选。拣选工作站采用电子标签、照相、RFID、称重、快速输送等一系列技术，可以完成每小时 1000 次的拣选任务。

拣选工作站包括进货装置、提示装置和周转装置三部分。需要拣选的货品通过输送系统到达拣选工作站进货装置；提示装置，即通过中央显示屏、数码显示器等形式提示需要拣选货品所在位置、拣货数量及需要放置的货位；周转装置，用于放置拣选出的货品，一般包括多个货位或槽口。拣选人员在利用拣选工作站进行拣选时，只需根据提示装置进行拣选，可以多订单同时拣选，能够大幅提高拣货效率，降低拣选人员的疲劳程度。

无人化的拣选工作站，则采用机器人代替拣选人员作业，依靠多轴机器人控制系统、视觉系统、末端触觉系统、多功能夹持器等先进技术及优化算法，实现拣选作业的高度智能化、无人化运作。

（二）自动分拣系统

自动分拣系统（Automatic Sorting System，ASS）指能够识别物品并根据一定标准对物品进行分类传输的自动化系统。其主要功能是将不同类的物品进行区分，以便后续统一处理。自动分拣系统一般由控制装置、输送装置、分类装置、分拣道口组成。

1. 控制装置

控制装置是自动化分拣系统的大脑，负责识别、接收和处理分拣信号，根据分拣信号的要求进行分类，按商品的品种、商品到达的目的地以及货主等对商品进行自动分类识别。控制装置通常采用计算机视觉技术，如条形码扫描、二维码扫描、RFID 等，来获取商品的信息和位置。

控制装置还可以与其他信息系统进行数据交换，如订单管理系统、仓储管理系统、配送运输系统等，以实现对整个物流过程的监控和优化。

2. 输送装置

输送装置是自动化分拣系统的主干道，主要让货物在传送带或者输送机上自动运行。输送装置可以根据商品的特性和分拣要求，采用不同的结构和材料，如链条式、皮带式、滚筒式、钢板式等。输送装置还可以配备一些辅助设备，如称重仪、打包机、贴标签机等，以实现对商品的进一步处理。

3. 分类装置

分类装置是自动化分拣系统的手和脚，根据控制装置发出的分拣指示，当具有相同分拣信号的商品经过该装置时，改变输送装置上的运动方向，进入其他输送机或者分拣道口。分类装置有多种形式，如堆块式、交叉带式、斜导轮式、摇臂式等。分类装置的选择要考虑商品的形状、重量、尺寸、稳定性等因素，以保证分拣的准确性和高效率。

4. 分拣道口

分拣道口是已分拣商品脱离主输送机进入集货区域的通道。分拣道口可以根据不同的目的地或者客户进行划分，如按城市、区域、网点等。分拣道口通常设有一些检测设备，如光电开关、传感器等，以检测商品是否正确进入指定的道口，并将数据反馈给控制装置。

（三）智能配送运输设备

智慧配送运输设备包括智能配送车辆、智能网联汽车、无人机、智能快递柜、城市地下的智慧物流配送系统等，这些设备通过物联网、大数据等技术进行连接和数据交互，实现配送过程的智能化和高效化。

1. 智能配送车辆

智能配送车辆通常搭载有先进的传感器、控制器和执行器等装置，可以通过自动驾驶技术实现自动行驶和避障，同时可以通过智能感知技术获取周围环境的信息，实现智能感知和路线规划。在配送过程中，智能配送车辆可以根据订单信息、交通状况等因素进行智能调度和优化，提高配送效率和准确性。

此外，智能配送车辆还可以通过互联网技术和物联网技术等，实现与物流管理、智能仓库等系统的无缝对接，实现信息共享和协同作业，进一步提高物流效率和准确性。

2. 智能网联汽车

智能网联汽车（Intelligent Connected Vehicle，ICV）是指车联网与智能车辆的有机联合，最终可替代人来操作的新一代汽车。智能网联汽车搭载有先进的车载传感器、控制器、执行器等装置，融合现代通信与网络技术，实现车与人、车、路、后台等智能信息交换共享，具有安全、舒适、节能、高效的特点。

3. 无人机

无人机（Unmanned Aerial Vehicle，UAV）是一种无人驾驶的飞行器，它通过先进的传感器、控制器和执行器等装置实现自动飞行和操作，将货物快速、准确地送达目的地。无人机配送可以应用于医疗物资、生鲜食品、快递包裹等领域的配送中。

无人机配送具有速度快、成本低、安全性高、环保节能等优点，但也存在一些缺点。

（1）技术难度大。需要解决许多技术难题，如自动飞行、避障、定位、控制等问题。

（2）适用范围有限。适用于小型、轻便、紧急的货物配送，无法适用于大型、重型、特殊的货物。

（3）法规限制。涉及空域管理、飞行安全、隐私保护等方面的法规限制，需要遵守相关法律法规。

4. 智能快递柜

智能快递柜是一种智能化的快递存储和配送设备，采用电子锁、视频监控及数据加密技术来确保包裹的安全性，有效防止包裹被盗或者丢失。智能快递柜通常设置在小区、办公楼、校园等公共场所，为快递员和消费者提供便捷、高效的快递配送服务。

5. 城市地下的智慧物流配送系统

现有智慧物流快速发展，通过物流数据服务、物流云服务、物流技术服务，建立自动化仓库，优化配送路径，进而缩短分拣、配送时间；但仍不能从根本上解决城市配送的问题。城市地下的智慧物流配送系统是指运用自动导向车和两用卡车等承载工具，通过大直径地下管道、隧道等运输通路，对固体货物实行运输及分拣配送的一种全新概念物流系统。

在城市，地下物流系统与物流配送中心和大型零售企业结合在一起，实现网络相互衔接，客户在网上下订单，物流中心接到订单后，迅速在物流中心进行高速分拣，通过地下管道物流智能运输系统和分拣配送系统进行运输或配送；也可以与城市商超结合，建立商超地下物流配送。传统物流与城市地下智慧物流的比较如表1-4所示。

表1-4 传统物流与城市地下智慧物流比较

传统物流	城市地下智慧物流
送货时间、道路限制、交通管制影响大	不受限制
配送时效性得不到满足，配送效率低	时效性显著提高
配送点缺乏规划，乱停、乱放，社会影响大	可建立地下配送中心
交通拥堵，城市物流效率低，尾气排放与能源消耗大	不占用道路资源，采用地下运输通路

城市地下智慧物流配送系统末端可以与居民小区建筑运输管道相连，最终发展成一个连接城市各居民楼或生活小区的地下管道物流运输网络，并达到高度智能化。当这一地下物流系统建成后，人们购买任何商品都只需在线下单，所购商品就能像自来水一样通过地下管道"流入"家中。

四、智慧配送软件系统

智慧配送中心常用的软件系统包括订单管理系统、仓储管理系统、仓储控制系统、仓储执行系统和运输管理系统等，在此我们只介绍订单管理系统和运输管理系统。

（一）订单管理系统

订单管理系统（Order Management System，OMS）以订单为主线，对具体物流执行过程进行全面和统一的计划、调度与优化，可以满足订单接收、订单拆分与合并、运送和仓储计划制订、任务分配、物流成本结算、事件与异常管理及订单可视化等不同需求。

在订单管理系统中，订单的接收通常由前端的电子商务系统或客户关系管理系统发起，将客户提交的订单信息传输到订单管理系统中。然后，订单管理系统根据客户和订单的紧要程度进行分类，对不同仓储地点的库存进行配置，并确定交付日期。在执行过程中，订单管理系统需要对订单的进展和完成情况进行实时跟踪，以便及时发现问题并解决。

此外，订单管理系统还衔接着商品中心、仓储管理系统、促销系统、物流系统等，是电子商务的基础模块。物流企业通过订单管理系统可以有效地管理订单整个生命周期，进而提升物流过程中的作业效率，节省运作时间和成本，提高市场竞争力。订单管理系统包括以下功能。

1. 订单管理

第一，订单接收。从不同的销售渠道接收订单，如网站、移动应用、实体店等。第二，订单处理。确认订单的有效性，进行库存检查，拆分或合并订单，生成发货单等。第三，订单跟踪。跟踪订单的处理状态，包括发货、配送、签收等。第四，订单查询。提供订单查询功能，包括订单状态、订单详情等。第五，订单报表。生成订单统计报表，用于业务分析和决策。第六，订单异常处理。对订单异常，如缺货、退货、换货等进行处理。

2. 库存管理

管理库存信息，如果企业库存数量不足，系统可以自动提示，以便员工及时补充库存。

3. 财务管理

自动记录订单的财务信息，例如订单金额、税收和发票，并协助企业生成财务报表和分析数据。

4. 市场趋势分析

帮助企业了解当前市场的趋势和现状，并收集和分析销售数据。

5. 客户管理

帮助企业管理客户信息和需求，并记录客户的交互历史。

6. 供应商管理

录入供应商信息，查询历史采购记录，进行供应商评估、供应商分类等。

（二）运输管理系统

运输管理系统（Transportation Management System，TMS）是指在运输作业过程中，进行配载作业、调度分配、线路规划、行车管理等多项任务管理的系统，其核心功能是货物的实时监控、质量管理、费用控制、订单管理、物流资源管理等。TMS 包括订单管理、调度分配、行车管理、车辆定位系统、车辆管理、客户管理、数据报表、财务管理、系统维护等模块。该系统对车辆、驾驶员、线路等进行全面详细的统计考核。TMS 包括以下功能。

1. 订单管理

TMS 可以帮助企业实现订单的集中管理、处理和跟踪，能自动化订单生成和分配，并提供实时的订单状态和运输信息。

2. 运输计划和调度

TMS 可以根据订单需求和运输资源的情况，进行运输计划和调度的优化。它可以考虑多种因素（如货物类型、距离、运输时间等），生成最优的运输路线和调度方案。

3. 运输执行和跟踪

TMS 可以实时监控运输过程，包括货物的装载、运输、卸载等环节。它可以提供实时的运输状态和位置信息，帮助企业及时掌握货物的运输情况，并解决可能出现的问题。

4. 运输成本管理

TMS 可以对运输成本进行全面管理和控制，帮助企业计算运输成本，包括燃料费用、人工费用、维修费用等，并提供相关报表和分析，帮助企业降低运输成本。

5. 数据分析和报告

TMS 可以对运输数据进行收集、整理和分析，生成各类报告和指标。这些报告和指标可以帮助企业评估运输绩效、发现问题并改进。

6. 提升供应链协同能力

TMS 系统可以与其他供应链管理系统进行集成，实现供应链协同和信息共享，提升供应链的可视化和协同性。

同步训练

1. 简述配送和配送中心。
2. 说明配送的各种分类形式。
3. 简要说明配送中心的功能。
4. 配送管理包括哪些内容？
5. 说明配送合理化的基本思想与判断标志。
6. 什么是智慧配送？智慧配送有什么特点？

7. 简要说明常见的智慧配送信息技术。

8. 简述智慧配送常见的硬件系统和软件系统。

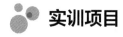 **案例分析**

福生菜篮子配送有限公司（以下简称福生公司）是一家专门为幼儿园、中小学、企事业单位提供食材配送服务的公司。该公司拥有自己的水果种植基地，同时还开设幼儿园。为满足政府对幼儿园食材的要求，公司从以下几个方面提供安全健康的食材配送：第一，严控质量，确保食品安全；第二，做好招投标，树立口碑；第三，创新增值服务，主动提高标准；第四，用数字化工具促进流程标准化。

福生公司在刚开始做配送时，遇到了以下几个困难。

（1）福生公司的食材品类多，单品采购规模却不够大，在采购博弈的过程中话语权比较小。

（2）管理方面存在问题。初时，很多事情是总经理亲力亲为的，当人员规模发展到一定程度后，有的工作安排到执行层就会被"打折扣"执行。

（3）刚开始时，公司在食材配送方面经验不足，有些食材在分拣、配送过程中操作不当造成损耗。

针对出现的问题,福生公司使用了深圳某网络科技有限公司提供的 GM 系统配合奖惩制度，重视员工培训，逐渐解决了以上问题。GM 系统具有智能定价、自助下单、采购管理、智能分拣、智能排线、数据指导等功能，从公司的财务部到行政部，都沿着 GM 系统的标准化执行流程梳理，按环节制定标准流程。同时，利用财务数据，公司管理层能监督每一个环节执行情况，并根据数据进行相应的绩效考核的调整。

生鲜行业服务的半径是有限的，未来公司将根据业务的拓展成立分公司，拓展 B 端配送业务。同时，将尝试开展社区生鲜店以及净菜加工业务。

思考：

1. 通过本案例，你认为配送有哪些特点？

2. 配送和送货的联系和区别是什么？

3. 通过了解福生公司的发展之路，你收获了哪些经验？

实训项目

某智慧配送中心调研与分析

一、实训目标

通过实地调研学校所在地区的某智慧配送中心，掌握智慧配送的基本理论，了解智慧配送中心在供应链中的角色和重要性，以及智慧配送技术应用对其配送效率和准确性的影响。

二、实训内容

从以下几个方面对某智慧配送中心进行调查研究。

1. 技术应用。调研某智慧配送中心所使用的智慧物流硬件系统（如"货到人"拣选系统、自动化分拣系统、智能配送车辆、无人机等）和软件系统（如 OMS、WMS、TMS 等）。分析上述系统和技术在配送业务中的作用，如提高作业自动化水平、优化配送路径、提升配送效率等。

2. 供应链分析。了解配送中心的供应商（如货物来源、供应商类型等）和服务对象（如主要客户群体、行业领域等）。分析配送中心的供应链结构，包括供应链上的各个环节、物流流向、信息流和资金流等。评估供应链的效率、成本和可持续性，以及配送中心在供应链中的作用和影响。

3. 运营模式分析。分析配送中心的运营模式，包括服务流程、管理模式等。调研配送中心的技术应用，如物联网、大数据分析、人工智能等技术在配送中心的具体应用案例。研究配送中心的市场定位，包括目标市场、竞争策略、品牌建设等。

三、实训要求

1. 明确实训目标和实训内容，确定项目时间表，合理分配任务，团队成员分工协作，确保按时完成项目。

2. 根据实训内容确定访谈提纲，设计调查问卷。

3. 访问学校所在地区的某智慧配送中心，观察其运营流程与管理人员进行交流，了解配送中心的运营模式和技术应用。

4. 通过图书馆、网络资源等收集智慧配送中心的相关资料，了解行业背景和发展趋势。

5. 收集某智慧配送中心的运营数据、客户反馈、市场分析报告等，用于后续分析。

四、实训报告

根据上述收集的材料和数据，总结实训过程，并撰写详尽的实训报告。

项目二

智慧配送作业管理

◎ 知识目标

1. 掌握订单处理作业一般流程；

2. 掌握订单有效性和订单优先权分析；

3. 了解拣选作业流程，掌握拣选方式；

4. 掌握"人到货"和"货到人"拣货技术；

5. 掌握配货与送货作业的流程；

6. 掌握补货的含义、补货方式、补货时机；

7. 掌握退货分类及退货处理方法。

◎ 技能目标

1. 能按照订单处理作业流程处理订单；

2. 能根据客户订单选择适当的拣选方式；

3. 能确定合适的补货方式。

◎ 素质目标

培育物流从业人员的服务意识，弘扬严谨细致、精益求精的工作作风。

知识框架

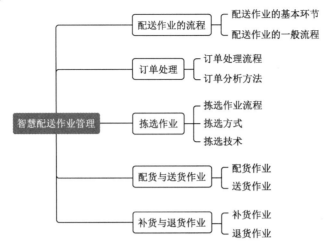

案例导入

2023 年 12 月 26 日 9:00，王先生在某电商平台上购买了一部手机，晚上休息前登录平台查询物流信息。平台显示：您已提交订单，请等待系统确认（2023-12-26 10:52:07）——订单确认，已通知商家配货（2023-12-26 10:52:08）——商家已打印拣货单（2023-12-26 12:10:46）——您的订单开始拣货（2023-12-26 12:10:47）——您的订单已验货完成（2023-12-26 21:00:36）——您的订单已打包完成（2023-12-26 21:00:37）——商家已发货，正在通知快递公司取件（2023-12-26 21:00:38）。

思考：

1. 在你的认知里，物流配送作业包括哪些环节？

2. 订单确认的含义及内容是什么？

3. 拣货的含义是什么？拣货作业流程包括哪些环节？

4. 你认为案例中的订单拣货速度是快还是慢？如果遇上节日促销，大量订单蜂拥而至，配送中心如何提高拣货速度？

任务一 配送作业的流程

一、配送作业的基本环节

配送是根据客户要求，对货物进行分类、拣选、集货、包装、组配等作业，并按时送达指定地点的物流活动。总体上讲，配送由备货、理货和送货三个基本环节组成。其中，每个环节又包括若干项具体的、细节性的活动。

（一）备货

备货指准备货物的系列活动，它是配送的基础环节。严格来说，备货包括筹集货物和存储货物两项具体活动。

（二）理货

理货是配送的一项重要内容，也是配送区别于一般送货的重要标志。理货包括货物分拣、配货和包装等经济活动。其中，货物分拣是将货物按一定目的进行分类、拣选的相关作业。

（三）送货

送货是配送活动的核心，也是备货和理货作业的延伸。在物流活动中，送货实际上就是货物的运输。在送货过程中，常常需要选择运输方式、运输路线和运输工具。

二、配送作业的一般流程

配送作业是配送企业或部门运作的核心内容，其流程的合理性和效率的高低会直接影响整个物流系统的正常运行。配送作业的一般流程如图 2-1 所示。

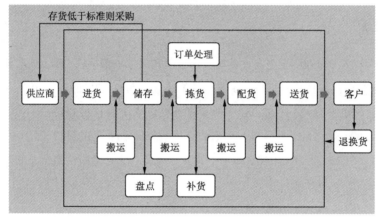

图2-1 配送作业的一般流程

配送中心要做到有货可送，必然存在进货作业；为了能够保持稳定的服务水平，必然存在储存作业。配送中心收到客户订单后，首先将订单按性质进行"订单处理"，然后根据处理后的订单信息，进行拣货作业——即从仓库中取出客户所需商品。从仓库拣选出的商品经过配货作业之后即可准备发货。等到一切发货工作准备就绪，司机便可将商品装在配送车上，向客户进行送货作业。

拣货之前，如果拣货区所剩余的存货量过低，不能满足拣货数量要求时，则要提前进行补货作业——即从储存区补充货物至拣货区。如果储存区的存货量低于规定标准，配送中心便从供应商处采购商品。当然，储存区同时存在盘点作业。

另外，在所有作业中，发现只要涉及物的流动作业，其间的过程就一定有搬运作业。如果客户有加工要求，则流程中可能涉及加工作业。客户收到货物之后，如果不满意或者因各种原因需要退货、换货，还会存在退换货作业。

任务二 订单处理

配送中心的配送作业通常是由客户订单拉动的。在客户下单后，配送中心会根据订单信息进行处理和准备。订单处理是从接到客户订单到着手准备拣货之间的作业。客户希望订货周期短、稳定，以降低经营风险与成本。因此，订单处理要求做到迅速、准确、服务周到。

订单处理包括人工处理和计算机处理两种方式。人工处理具有较大弹性，但只适合少量订单处理，一旦订单增多，处理将变得缓慢且易出错。计算机处理速度快、效率高、成本也低，适合大量的订单处理，也是目前订单处理的主要方式。

一、订单处理流程

订单处理作业的一般流程如图 2-2 所示

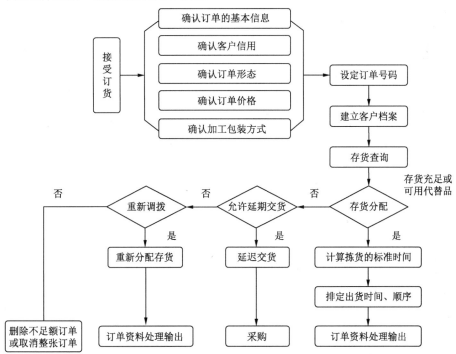

图2-2 订单处理作业的一般流程

（一）接受订货

接受订货是订单处理的第一步。

1. 传统订货方式

常见的传统订货方式有：厂商铺货、厂商巡货、隔日送货、电话订货、传真订货、邮寄订单、业务员跑单。这些订货方式皆需人工输入资料且经常需要重复输入，并且在输入、输出之间经常出现时间误差，造成浪费。

2. 电子订货系统

电子订货即采用电子传递方式取代传统人工书写、输入、传送的订货方式，它将订货资料由书面资料转为电子数据，通过通信网络传输。常见的电子订货方式有如下几种。

（1）电子订货簿。电子订货簿是记录商品代码/名称、供应商代码/名称、进/售价等信息的书面表格。订货人员携带电子订货簿及手持扫描仪巡视货架，若发现商品缺货，则用手持扫描仪扫描电子订货簿或货架上的商品标签，再输入订货数量，当所有的订货资料均输入完成后，再将订货数据通过计算机通信网络传给配送中心。

（2）POS（销售时点，Paint of Sale）系统订货。如果配送对象是零售店、连锁店，通常利用收银系统结账，则可在商品库存里设定安全库存。每销售出一件商品，计算机会自动扣除该商品库存，当库存低于安全库存时，则自动产生订货资料，待此订货资料确认无误后，将其传给配送中心。亦有客户将每日的 POS 销售资料传给总公司，总公司将 POS 销售资料与库存资料比对后，根据采购计划向供应商下单。

（3）订货应用系统

订货应用系统是企业通过电子方式接收和管理来自客户或下游分销商订单的软件系统。这种系统可以提高订单处理的效率和准确性，减少人为错误，并提供实时库存管理和订单跟踪功能。在现代供应链管理中，若客户资讯系统具备订单处理功能，它可以将订货应用系统生成的订单数据自动转换为与供应商约定的电子格式，并将转换后的订单数据在约定的时间通过加密和安全的电子传输方式发送给供应商。

与传统订货方式相比，电子订货方式传递速度快、可靠性强、准确性高，可以大幅度提升客户服务水平，有效降低与存货相关的成本费用，是订货信息传递的主要方式。但是在使用电子订货方式时，需要确保设备和网络的安全性与稳定性，避免数据泄露和损失。

（二）确认订单

接单之后，必须对订单的相关事项进行审核，确认无误后才能进行下一步的操作。

1. 确认订单的基本信息

确认订单中货物的品种、数量、送货时间、地址等是否完整、正确，是否与公司要求的格式相符，是否有主管人员签字等。

2. 确认客户信用

核查客户的财务状况，以确认其是否有能力支付该订单的账款。通常的做法是检查客户的应收账款是否超过其信用额度。

3. 确认订单形态

配送中心虽有整合传统批发商的功能及高效率的物流信息处理功能，但在面对较多的交易对象时，仍需根据客户的不同要求采取不同的做法，针对不同形态的交易订单采取不同的处理方式。

（1）一般交易订单。一般交易订单是指接单后按正常的作业程序拣货、出货、送货、收款的交易订单。接单后，将资料输入订单处理系统，按正常的订单处理程序处理，资料处理完成后再进行拣货、出货、送货、收款等作业。

（2）现销式交易订单。现销式交易订单是指与客户当场交易，直接给货的交易订单。订单资料输入系统后，因为货物已交给客户，所以订单资料不再参与拣货、出货、送货等作业，只记录交易资料即可。

（3）间接交易订单。间接交易订单是指客户向配送中心订货，直接由供应商将货物配送给客户的交易订单。接到这类订单后，将客户的订货资料传给供应商代配。

（4）合约式交易订单。合约式交易订单是指与客户签订配送协议的交易订单，如签订某时间内定时配送某数量的商品。接到这类订单后，在约定的送货日，将配送资料输入系统以便出货配送；或刚开始便输入合约协议内容中的订货资料并设定各批次送货时间，以便在约定日期由系统自动产生所需的订单资料。

（5）寄库式交易订单。寄库式交易订单是指客户因促销、降价等市场因素先行订购一定数量的商品，然后再视市场需求要求出货的交易订单。采用这种订单方式，需注意交易价格应依据客户当初订货时的单价计算，而不是依现价计算。

（6）兑换券交易订单。将客户兑换券所兑换的商品配送给客户之前，系统应先核查客户是否确实有此兑换券回收资料。若有，依据兑换券兑换的商品及兑换条件予以出库，并扣除商品的兑换券回收资料。

4. 确认订单价格

不同的客户（批发商、零售商）、不同的订购批量有不同的售价。按照价格确认流程，输入价格时系统应加以检验。若输入的价格相符，系统继续运行；若输入的价格不符（如输入错误或业务员降价接收订单等），系统应加以锁定，以便主管审核。

5. 确认加工包装方式

客户订购的商品是否有特殊的包装、分装或贴标等要求，是否有关于赠品的包装等，资料系统都需专门进行确认和记录。有问题，则将订单送回销售部门再查核或退回订单。

（三）设定订单号码

每份订单都有单独的订单号码，此号码一般是由控制单位或成本单位制定的，它除了便于计算成本外，还可用于制造、配送等一切相关的工作，如查询订单履行情况、跟踪货物去向。因此，所有工作的说明单及进度报告等都应附有此号码。

（四）建立客户档案

一般配送中心客户档案应包括的内容如下。

（1）客户姓名、编号、等级形态。

（2）客户信用额度。

（3）客户销售付款及折扣率的条件。

（4）开发或负责此客户的业务员资料。

（5）客户配送区域。

（6）客户收账地址。

（7）客户点配送路径顺序。应根据区域、街道、客户位置，将客户分配在适当的配送路径中。

（8）客户点适合的车辆形态。客户送货上门的街道有车辆宽窄的限制，因此须将适合该客户的车辆类型记录在档案中。

（9）客户点卸货特性。客户所在的地点或客户位置，由于建筑物本身或周围环境特性（如地下室有限高或高楼层），可能会造成卸货时有不同的卸货需求，在车辆及工具的调度上须加以考虑。

（10）客户配送要求。客户对送货时间有特定要求或有协助上架、贴标签等要求。

（11）过期订单的处理方式。可事先约定规则，避免过多的临时询问或紧急处理。

客户档案有各种形式，配送中心可根据订单处理系统的要求自行设计，如表2-1所示。

表2-1 客户档案表

编制日期：　　　　　片区：　　　　　新客户标志：　　　　业务员：

客户全称：		客户编号：	
单位详细地址：			
法人代表：		联系电话：	
订（供）货负责人：		联系电话：	
企业规模：		注册类型：	
单位类别：		隶属关系：	
上年固定资产值：		上年总产值：	
与我司合作历史：		主要竞争对手：	
满意度	□高 □较高 □一般	忠诚度	□高 □较高 □一般
客户类型	□一般 □潜力 □关键	客户级别	□A □B □C
信用截止期限：		信用额度：	
去年交易总额：		应收账款：	
送货地址：			
送货车辆形态：			
客户点卸货特性：			
客户配送要求：			
过期订单的处理方式：			
资金状况	□充足 □紧张 □短缺 □危险		
付款态度	□爽快 □尚可 □拖延 □欠款		
折扣率的条件			
备注：			

（五）存货查询与存货分配

1. 存货查询

存货查询的目的在于确认库存是否能满足客户需求。存货资料一般包括商品名称、代号、产品描述、库存量、已分配存货、有效存货及期望进货时间。在输入客户订货的商品名称、代号时，系统应核查存货的相关资料，看是否缺货。若缺货，则应提供商品资料或此商品的已采购未入库信息，以便接单人员与客户协调，从而提高接单率及接单处理效率。

2. 存货分配

订单可以分为两大类：一类是本次新接的订单；另一类是过去遗留未完成的订单。后者又可以分为延迟交货订单、缺货补送订单和远期订单。一般存货分配有两种模式。

（1）单一订单分配。在输入订单资料时，就将存货分配给订单。

（2）批次分配。累计汇总数笔已输入的订单资料后，再一次分配库存。配送中心因订单数量多，客户类型等级多，且多为每天固定配送次数，因此通常采取批次分配以确保库存能力最佳分配。根据作业的不同，各配送中心的批次分配原则可能不同，其处理方法也不同，如表2-2所示。

表2-2　批次分配的原则与处理方法

批次分配原则	处理方法
按接单时序划分	将整个接单时段划分为多个合理区段。若一天有多个配送批次，可配合配送批次将订单按接单先后顺序分为多个批次进行处理
按流通加工需求划分	将需要相同流通加工处理的订单汇总在一起处理
按车辆需求划分	若配送商品需要特殊配送车辆（如低温车、冷冻车、冷藏车）或由于客户所在地、卸货特性等需要特殊配送车辆，可汇总合并处理
按配送区域/路径划分	将同一配送区域/路径的订单汇总在一起处理

3. 存货分配的时机选择

由于库存货物被分配给某一订单后，它就被固定下来且不能分配给其他订单，因此进行订单分配，时机的选择是十分重要的。如果存货分配给订单的时间过早，那么可能会影响某些客户的优先权，因为有限的库存储备必须重新定位以使新接的订单与之前已经确定日期的订单相适应。另外，过早进行订单分配还会导致储备量大大超过应有的存货水平。

4. 分配后存货不足的异动处理

若现有存货数量无法满足客户需求，且客户又不愿接受替代品时，则应按照客户意愿与公司政策进行处理。

（1）重新调拨。若客户不允许过期交货，而公司也不愿失去此客户订单时，则有必要重新调拨分配订单。

（2）补交货。若客户允许不足额的订货，等待有货时再进行补货，且公司政策也允许，可采取"补送"方式；若客户允许不足额的订货或整张订单留待下次订单一同配送，也可采取"补送"方式。

（3）删除不足额订单。若客户允许不足额订单等到有货时再予以补送，但公司政策并不希望分批出货，可删除不足额的订单；若客户不允许过期补货，且公司也无法重新调拨，可删除不足额的订单。

（4）延迟交货。有时限延迟交货：客户允许一段时间的过期交货，且希望所有订单一同配送；无时限延迟交货：不论等多久，客户都允许过期交货，且希望所有订货一同送货，可等待所有订货到达后再出货。

（5）取消订单。若客户希望所有订单一同配送，且不允许过期交货，而公司也无法重新调拨时，可将整张订单取消。

存货不足的处理方法有很多，但其核心是必须与客户进行协调或约定，并将这些变动纳入系统，以减少客户的二次损失。

（六）订单资料处理输出

库存分配方式和顺序确定后，需要生成相关信息，包括拣货单或出库单、送货单或缺货资料等。

对于库存缺货货物，系统可提供按货物或供应商的名称及代号查询缺货货物资料，以提醒采购人员及时采购。对于缺货订单，系统可提供按客户或业务员的名称及代号查询缺货订单资料。

二、订单分析方法

（一）订单有效性分析

订单的有效性主要受订单本身和客户的具体情况影响。一般配送中心在接收订货、确认订单的过程中要分析订单的有效性。影响订单有效性的因素主要包括以下几项。

1. 订单时间

订单时间是影响订单有效性的首要因素。订单时间必须在有效期内，配送中心必须在客户要求的送达时间将货物送交客户。收到订单的时间与客户要求送达的时间间隔不能太短，必须给配送中心留出合理的备货时间。

2. 订单的准确性

配送中心在接受订单之后要检查订单的准确性，如订单编号、数量、品种、价格等。如果在检查订单时发现明显的错误，要与客户进行沟通确认，如果无法沟通，可认定为无效订单。

3. 客户的信用状况

客户的信用状况直接影响其订单所涉及产品的总金额及应收账款金额，即客户所订购产品总额不能超过其信用额度与其应收账款之差。此外，配送中心还应注意信用额度有一定期限的客户，在其信用有效期之外所发送的订单无效。

4. 客户的金融状况

客户的金融状况主要体现在客户的资金状况和付款态度上。资金状况可以通过与客户有联系的银行方面获得，如果客户资金短缺且又订购了金额较大的订单，配送中心要考虑履行订单后能否回款。一般应认定该客户的订单无效，避免造成损失。付款态度可以从与该客户以往的合作中得到信息。

（二）订单优先权分析

订单处理的先后顺序即订单的优先权，缺货商品应优先满足优先权高的客户的订单。对订单进行优先权分析，首先，要明确哪些因素会影响订单处理的先后顺序；其次，再根据订单优先权的确定方法决定优先进行库存分配的订单。

1. 影响订单优先权的因素

订单履行的先后顺序可能会影响所有订单的处理速度，也可能影响较重要订单的处理速度。有些企业的订单处理人员在繁忙时会选择优先处理简单订单，造成重要订单的处理速度变慢。影响订单优先权的因素包括以下两大类：

（1）订单本身因素

第一，订单接收的先后顺序。大多数配送中心在处理订单时，会根据订单接收的先后顺序确定订单处理的先后顺序，即先到先处理。

第二，订单紧急程度。按时交货是客户考察供应商的一个重要指标。对于配送中心来说，应该确保大多数订单按时交货，以降低订单延迟率。在确定订单处理先后顺序时，距离交货日期越近的订单，其紧急程度越高，越应该优先处理，其优先权也越高。

第三，订货量和订货品种。一般订单处理操作人员倾向于先处理订货量较小或订货品种较少的订单。这两类订单处理简单，操作时间上受其他因素影响较小。

第四，订单金额和利润。金额较高的订单给企业带来的营业额较高，其优先权也较高；利润较大的订单给企业带来的收益较大，其优先权也较高。

（2）客户因素

第一，客户的重要性程度。配送中心在对客户进行管理时，往往会根据客户对配送中心的盈利贡献度，将客户分为不同的等级进行管理。客户的级别越高，其对配送中心的盈利贡献越大，配送中心要优先处理这类客户的订单，即当库存商品不能满足所有客户订单时，要优先分配给这类客户。

第二，客户的信用和金融状况。信誉好、付款及时、资金充足的客户一般属于配送中心较高等级的客户类型，这类客户的优先权也较高。

第三，合作年限和累计交易金额。合作年限长的客户属于企业的稳定客户，累计交易金额高的客户能够为企业提供稳定的交易量，这两类客户的订单优先权较高。

综上所述，以下是一些可供选择的优先权法则。

① 先收到先处理。

② 处理时间最短。

③ 预先确定顺序号。

④ 优先处理级别较高客户的订单。

⑤ 优先处理承诺交货日期最早的订单。

⑥ 优先处理距约定交货日期最近的订单。

⑦ 优先处理订货量较小、相对简单的订单。

2. 订单优先权的确定方法

（1）定性分析法。定性分析法主要通过对比分析几个差别较明显的定性指标，确定客户优先权的顺序。这种方法适用于客户较少且不同客户的几个定性指标之间差别比较明显的情况。订单优先权的定性分析指标可参照表2-3。

表2-3　订单优先权的定性分析指标

客户名称	考核指标	等级
保和超市	实力强	一
	货款到位及时	
	信誉好	
	为配送中心创造的利润占总利润的 20%以上	
	作为配送中心的战略合作伙伴，签有长期合作协议	
泰和超市	实力良好	二
	货款较为及时	
	信誉良好	
平安超市	实力一般	三
	货款到位一般，偶有拖欠现象	
	信誉一般	

（2）定量分析法。定量分析法采用数据进行分析，能够清楚地说明每一项指标对结果的影响程度，在对每一个对象的各个指标之间差别不明显或影响有交叉的指标进行评价时，使用效果比较好。

根据优先权法则，与优先权相关的因素包括收到订单时间、订单处理时间、订单量、订单金额、交货日期等。由于这些因素相互作用、相互矛盾，配送中心在对客户优先权进行排序时很难轻易做出决策，这属于多目标决策问题，匹配中心可采用综合价值系数法分析多因素对决策结果的影响。在这种情况下，评价配送的标准是每个客户的综合价值，一般用综合价值系数表示。客户的综合价值系数越大，其综合价值也越高，优先权就越高。综合价值系数可用方程式 $V=\sum MF$（V 为综合价值系数，M 为分数，F 为权重）进行计算。这种方法在使用前需要给每一个影响因素赋予权重。

根据客户档案信息表归纳出影响客户订单优先权的指标因素主要包括：订单金额，权重15%；订货量，权重5%；订货品种，权重5%；订单紧急程度，权重10%；去年交易总额，权重15%；客户级别，权重15%；满意度，权重5%；忠诚度，权重5%；客户类型，权重15%；资金状况，权重5%；付款态度，权重5%。

然后给每个非定量指标按等级赋值。

客户级别：A=3，B=2，C=1。

满意度：高=3，较高=2，一般=1。

忠诚度：高=3，较高=2，一般=1。

客户类型：一般=1，潜力=2，关键=3。

资金状况：充足=4，紧张=3，短缺=2，危险=1。

付款态度：爽快=4，尚可=3，拖延=2，欠款=1。

【案例分析】使用定量分析法分析至哉配送中心客户的优先权。相关数据如表2-4所示。

表2-4　至哉配送中心上期统计资料表

序号	影响因素	保和超市	泰和超市	平安超市	权重/%
1	订单金额	23040	23520	15800	15
2	订货量	86	80	78	5
3	订货品种	4	5	4	5
4	订单紧急程度	3	2	4	10
5	去年交易总额	1052	512	112	15
6	客户级别	3	3	2	15
7	满意度	3	3	2	5
8	忠诚度	3	2	1	5
9	客户类型	3	2	1	15
10	资金状况	4	4	4	5
11	付款态度	4	3	4	5
总评		87.56	68.26	49.17	

具体计算如下：

保和超市 $V_1 = \sum_{n=1}^{11} M_n F_n$ =（23040/23520）×15+（86/86）×5+（4/5）×5+（3/4）×10+

（1052/1052）×15+（3/3）×15+（3/3）×5+（3/3）×5+（3/3）×15+（4/4）×5+（4/4）×5=96.19

泰和超市 $V_2 = \sum_{n=1}^{11} M_n F_n$ =（23520/23520）×15+（80/86）×5+（5/5）×5+（2/4）×10+

（512/1052）×15+（3/3）×15+（3/3）×5+（2/3）×5+（2/3）×15+（4/4）×5+（3/4）×5=79.03

平安超市 $V_3 = \sum_{n=1}^{11} M_n F_n$ =（15800/23520）×15+（78/86）×5+（4/5）×5+（4/4）×10+

（112/1052）×15+（2/3）×15+（2/3）×5+（1/3）×5+（1/3）×15+（4/4）×5+（4/4）×5=60.21

综上所述，三个超市的优先权从高到低依次为：保和超市、泰和超市、平安超市。

小思考

订货量和订货品种越多，其订单优先权级别越低，那么利用方程式 $V = \sum MF$ 计算时会有哪些区别？

任务三　拣选作业

拣选作业也称为拣货作业，是依据客户的订货要求或配送中心的送货计划，尽可能迅速、准确地将商品从其储位或其他区域拣取出来，并按一定的方式进行分类、集中、等待配装送货的物流活动。拣选作业的效率直接影响配送中心的作业效率和经营效益，是衡量配送中心服务水平的重要标志。

一、拣选作业流程

仓库工作常常会面对大量的 SKU（Stock Keep Unit，库存量单位）和大量的订单，拣货作业过程中，关键环节是根据配送的业务范围和服务特点，即客户订单所反映的商品特性、数量多少、服务要求、送货区域等信息，对拣货作业系统进行科学的规划与设计，并制定出合理高效的作业流程。一般仓库中的拣选作业流程如图 2-3 所示。

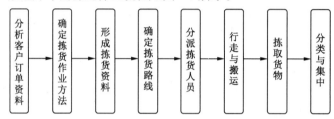

图2-3　拣选作业流程

（一）分析客户订单资料

分析客户订单资料，明确客户订购商品的出货单位、数量、时间需求等相关信息。

（二）确定拣货作业方法

完成客户订单资料分析之后，可以确定配送中心的拣货单位、拣货作业方法等。

（三）形成拣货资料

拣货资料也称拣货信息，来源于客户的订单，是拣货作业的原动力。拣选信息有传票、拣选单、拣选标签、电子标签等形式。在设计拣货单据时，应根据货架编号、货号、数量、品名排顺，以免拣货时产生混淆，作业人员据此拣货可以缩短拣货路径，提高拣货作业效率。

为了提高拣货准确性和拣货效率，应避免以下三种情况。

（1）一位多货。一位多货即将数种货品放在同一储位，会影响按货架编号指示拣取的准确性。

（2）一号多货。一号多货是指外包装相同，但颜色、花样不同的商品使用相同的商品编码，这时无法利用货号拣取货品。因此，在建立货品编号时，应预留货品码数，以区分颜色、花样等。

（3）单据数字混淆拣错。若拣货单的上下行或相邻列容易混淆、看错数量而造成拣取错误，则应多考虑利用计算机辅助拣货设备或以编号明确区分，以降低失误。

（四）确定拣货路线

拣货资料形成后，货品的储位信息已经明确，可利用人工方式或计算机辅助方式确定拣货作业路径。

（五）分派拣货人员

结合拣货作业方法、拣选货物的种类和数量、拣货单位及储位管理策略，分配拣货人员，安排拣货人员进行拣货作业。

（六）行走与搬运

拣选时，货物出现在拣货作业人员或设备面前才能完成拣取操作，目前主要有两种方式，如表 2-5 所示。其中，货到人也可以是货到机器人。

表2-5　行走与搬运方式的比较表

类型	方法	特点
人到货	拣货人员以步行或搭乘拣货车辆方式到达货物储存位置	货物静止，移动方是拣货人员
货到人	拣货人员在固定位置作业，无须寻找货物的储存位置，主要移动方是货物	拣货人员静止，移动方是货物，如搬运型 AGV 机器人拣选

（七）拣取货物

当货物出现在作业人员面前时，拣货人员要进行拣取和确认两个动作。拣取是抓取货物的动作，确认则是确定所拣取的货物、数量是否与指示拣货的信息相同。拣取的过程可以由人工或自动化设备完成。

实际上，配送中心多采用读取品名与拣货信息作对比的确认方式。例如，利用无线传输终端机读取条形码后，再由计算机进行确认。通常小体积、小批量、搬运重量在人力范围内且出货频率较低的，可以采取手工方式拣取；对于体积大、重量大的货物，可以利用升降叉车等搬运机械辅助作业；对于出货频率很高的货物，可以采取自动拣货系统。

（八）分类与集中

由于拣货方式不同，拣取出来的货物还要按订单类别进行分类与集中，拣选作业至此结束。

二、拣选方式

（一）按单拣选

按单拣选，又称为摘果式拣选，这种作业方式是针对每一张订单，作业人员巡回于各个库位，按照订单所列商品及数量，将商品从各个储存点拣取出来，然后集中在一起的拣货方式。按单拣选时，每人每次只能处理一张订单或者一个客户。图 2-4 所示为按单拣选作业原理示意图。

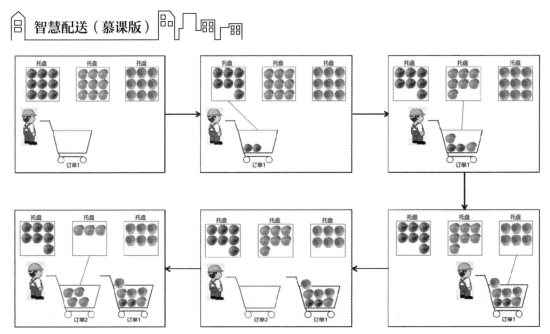

图2-4　按单拣选作业原理示意图

（二）批量拣选

批量拣选，又称为播种式拣选，这种作业方式是将多张订单集合成一批，把其中每种商品的数量分别汇总，从储位上取出并集中搬运到理货场地，然后分别取出每一位客户的商品数量，分放到该客户商品暂储待运货位处，直至配货完成。图 2-5 所示为批量拣选作业原理示意图。

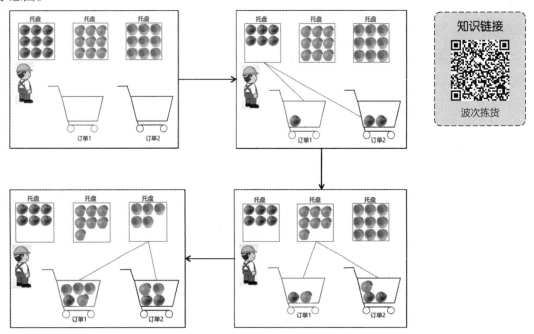

图2-5　批量拣选作业原理示意图

按单拣选与批量拣选的优缺点如表 2-6 所示。

表2-6　按单拣选与批量拣选的优缺点

方式	特点	优点	缺点	适用范围
按单拣取	1. 流程简单,易于实施,不易出错,配货准确度较高 2. 客户之间的订单互不影响,易于调整配货先后次序,灵活性较高,对于紧急订单可进行插单,集中力量快速拣取 3. 一张订单拣取完成后,货品便配置齐备,配货作业与拣选作业同时完成,可直接装车配送 4. 客户数量不受限制,可在较大范围内波动,拣选人员数量也可随时调整,作业高峰时可临时增加作业人员,利于开展即时配送,提升服务水平 5. 对机械化、自动化没有严格要求,不受设备水平限制	1. 作业方法简单 2. 作业前置时间短 3. 作业人员责任明确,易于安排人力 4. 拣货后不用进行分类作业 5. 导入容易,作业弹性大	1. 商品品类多时,拣货路径加长,拣货效率降低 2. 拣货区域大时,搬运系统设计困难 3. 少量多次拣取时,拣货路径重复,效率降低	适合多品种、小批量订单的场合
批量拣取	1. 可以更好地发挥规模效益 2. 工艺难度较高、计划性较强,错误率较高 3. 灵活性较差,存在停滞时间	1. 提高拣货规模,降低拣货成本 2. 缩短拣货时的行走时间,增加单位时间的拣货量 3. 节约人力,减少与其他作业的冲突	1. 无法对紧急订单进行及时处理 2. 积累订单数量时,延长停滞时间 3. 增加分货作业 4. 必须全部作业完成后才能发货	适合少品种、大批量出货,且订单的重复订购率较高的场合

（三）复合式拣选

为克服按单拣选和批量拣选方式的缺点,配送中心可以采取将二者组合起来的复合式拣选。复合式拣选即根据订单的品种、数量及出库频率,确定哪些订单适应于订单拣选,哪些适应于批量拣选,分别采取不同的拣选方式。复合式拣选一次处理多张订单,且在拣取各种商品的同时,把商品按照客户订单分类,同时采取了按单拣选和批量拣选方式的优点,让拣选环节更高效。

三、拣选技术

（一）"人到货"的方式

1. 拣选单拣选

拣选单拣选是一种常用的拣选方式,将原始的客户订单输入计算机后进行拣选信息处理,打印拣选单,如表2-7所示。

表2-7　拣选单

订单单号：		拣货员：		序号：	
客户代码：		客户名称：		年　月　日	
序号	货位号码	品名	数量	备注	
1					
2					
3					
……					

拣货单一般根据拣货的顺序货位进行打印，拣货人员根据拣货单的顺序拣货；拣货时将产品放入搬运器具内，同时在拣货单上做记号，然后执行下一货位的拣货。拣货单是根据拣货的作业区和拣货单位分别打印的。例如，整盘拣货（P→P）、整箱拣货（P→C）、拆箱拣货（C→B）或（B→B）等拣货单分别打印、拣货，然后在出货暂存区集货等待出货。拣选单拣选必须配合货位管理才能发挥其优势。

优点：产品货位显示在拣选单上，可以按到达先后次序排列货位编号，引导拣选人员按最短路径拣选；没有硬件成本及限制，可充分配合拣选策略，提高拣选效率。

缺点：拣选单打印工作费时费力；拣选完成后仍需经过产品检验过程，以确保其正确无误；数据不同步，无法记录和追溯拣选作业；无法保障拣选作业质量；无法实现拣选作业的精细化管理；缺少信息化平台管理的基础。

使用场景：仓库作业量较小；临时的仓库设施；低价值产品，小批量发货；仓库作业人员低工资水平；仓库作业成本难以评估。

2. 手持RF（Radio Frequency，无线射频）拣选

手持RF是用来进行扫描的一款手持设备，主要通过设备自身带的激光头、红外头、自感应设备等对条形码或者专门的芯片进行识别的设备。手持RF拣选系统通过网络连接到仓库管理系统（WMS），借助手持RF终端上的显示器，向作业人员及时、明确地下达向货架内补货（入库）和出库（出库）指示。通过RF指示引导，拣货人员到达指定拣货位，扫描位置和验证产品条形码。

优点：确保信息实时同步，可以记录和追溯拣选作业，便于拣选作业的分析和管理。

缺点：必须投入无线网络及设备费用，需要人员熟悉RF操作，核单效率受限于网络与RF数量。

使用场景：可用于从收货到发货的所有仓库人工功能，确保所有库存移动的实时准确性。手持RF拣选适合于慢/中速环境，其中条形码在产品或库存容器级别可用。

3. 拣货车拣选

拣货车拣选通过语音或RF定向波次确认拣货的移动推车，通常用于波次拣选环境（例如，一个波次包含12个订单），每次分配给拣货容器的多个订单。

优点：一次行程拣选多个订单，缩短行走时间。随着时间的推移便于添加更多的项目品种，

具有灵活性。

缺点：产品品类较多时，拣货行走路径较长，拣货效率降低。拣货区域较大时，搬运困难。流程需要高度的纪律性，才能将订单按数量分类放到正确的容器中。

使用场景：适用于低速或中速采摘环境，在货位上有大量的慢速移动的 SKU 分布在一条长长的拣货路径上。

4. 电子标签拣选（Digital Picking）

将电子标签安装于货架储位上，原则上一个储位内放置一项产品，即一个电子标签对应一项产品。以一张订单为处理单位，系统将订单中产品所对应的电子标签点亮，拣货人员依照亮灯与显示数字将产品从货架上取出放进拣货箱内。

电子标签拣选系统的主要组成部件及其功能介绍如下。

管理系统：可以是已有的 WMS 系统，或 ERP、MIS 等，特殊情况下可人工录入出库信息。

控制电脑：用于从 WMS 下载出库订单，并将出库信息发送至控制器。

控制器：将出库信息转换为控制信号，并传到连接箱，将完成信号传回控制 PC。

接线箱：控制信号灯、字幕机、电子标签的工作，将完成作业信息传回控制器。

信号灯：用于作业区、作业面，提示该区域有作业任务。

字幕机：提示作业人员当前作业序号。可定义为客户编号、作业编号或其他编号。

电子标签：用来显示出库数量并发出指示信息。

优点：借助视觉指示，解放双手、拣货速度快，特别是单个 SKU 拣取效率更高。

缺点：一旦布局完成，不容易改变；增加 SKU，需要增加相应货架、标签，费用较高。

使用场景：适用于单次出库量小且出库频率高的产品，尤其在零散货物拣选配送中具有其他拣选方式无可比拟的优点。

DPS 是摘果式拣选，电子标签也可以用于批量分拣，即播种式分拣系统（Digital Assorting System，DAS）。在 DAS 系统中，每一个电子标签代表一个订单客户或一个配送对象，即一个电子标签代表一笔订单。每个品项为一次处理的单位，拣货人员先拣取产品的应配总数，并输入产品信息，而系统会点亮订购此项产品的客户代表的电子标签，拣货人员只要依据电子标签的灯号与显示数字将产品配予客户即可。因为 DAS 系统是依据产品和部件的标识号进行控制的，所以每个产品上的条形码是支持 DAS 系统的基本条件。DPS 与 DAS 的区别如表 2-8 所示。

表2-8　DPS与DAS的区别

拣货方式	DPS 拣货	DAS 拣货
拣货依据	按照货品类型拣货	按照每张订单进行拣货
拣完货后	按照各份订单进行分货	不用再进行分货
电子标签系统对应	客户或门店	货位

5. 语音拣选

语音拣货是基于语音识别程序的一种无纸化解决方案。在语音识别拣货系统环境中，拣货人员接收耳机中系统指令，然后执行拣货工作，完成后再经由话筒口头向系统回报确认，声控技术造就了仓管系统最大的实时性。此外，为了确保准确率，语音系统引入"校验码"概念，当操作员所回馈的校验码与后台系统针对该商品的条码数据不相符合时，系统将告诉操作员"位置有误"，避免误差。

通过语音设备将拣选指令传输给操作员，与操作员对话，以验证拣货位置、项目代码、产品代码或其他别名代码，以验证拣货精度。

优点：确保信息实时同步，可以记录和追溯拣选作业，便于拣选作业的分析和管理，解放了拣选作业人员的双手；大件拣选优势明显，缩短新员工学习曲线。

缺点：必须投入无线网络及设备费用，且影响设备的因素较多；语音拣选的识别能力不足，相似产品拣错的风险高；处理速度受到硬件设备性能和算法复杂度等因素的影响，可能无法满足大规模、高并发的情况。

使用场景：适用于高速全套拣箱环境以及 SKU 种类多、分拣成本太高的分箱环境。

6. AR 视觉拣选

AR（Augmented Reality，增强现实）视觉拣选通过将虚拟信息叠加到现实环境中，为拣货人员提供实时指导，从而提高拣货效率和准确性。员工佩戴 AR 眼镜，由眼镜的导航功能导航至拣选货位，眼镜自动扫描货位与商品条形码，拣货人员就可以看到所有作业信息的投影，进行拣选操作。

AR 视觉拣选与语音拣货一样，解放了拣选人员的双手，同时又具备条形码复核能力，保障拣选质量与库存数据同步。

优点：AR 眼镜能够显示最优拣货路径、物品位置和数量信息，提高整体拣货速度；实时显示的物品信息和拣货指引能够有效减少拣货错误，提升拣货准确率。

缺点：需要拣选人员佩戴 AR 眼镜等智能穿戴设备，对技术有一定的依赖性，员工需要接受培训以适应新的拣选方式。

使用场景：适用于各种类型的仓库拣选。

（二）"货到人"的方式

"货到人"拣选系统主要由三部分组成，即存储系统、输送系统和拣选系统。"货到人"拣选系统大幅度减少了拣选作业人员的行走距离，不仅实现了高于"人到货"模式数倍的拣选效率，大幅度降低了劳动强度，同时在存储密度、节省人力等方面拥有突出优势。因此，"货到人"系统已经成为物流配送中心非常重要的拣选方式。

1. 料箱式堆垛机拣选

料箱式堆垛机系统，与托盘式自动化立体库结构相似，但存储货物单元为料箱/纸箱。

货物堆码至标准化料箱中，利用巷道内的自动堆垛起重机在高层货架巷道内来回运行，将位于巷道口的货物存入货格，或者取出货格内的货物运送到巷道口。

优点：没有行进时间，选择率更高；非常狭窄的过道（例如 1 米）可用 AS/RS 机器，实现高密度存储。

缺点：中低速吞吐能力；由于小负荷异步电动机的通过能力受限于机器的垂直和水平速度，因此每个信道只有有限的循环次数（70～150 次）。

使用场景：需要大密度、高利用率存储的场地；常用于固定场合，适用于需要安全存储的货物。

2. 多层穿梭车拣选

多层穿梭车系统可以实现软件对批量订单的优化排序，还可以对调度各种设备按照排序后的订单顺序进行拣选作业。调度多层穿梭车对货架内的指定料箱进行快速取货作业操作，然后将货物放置在同层提升机的作业缓冲区，再通过提升机和输送系统将料箱送入拣选工作站。当拣选人员完成拣选作业后，会把料箱放回原货架货位，而订单箱会按照软件的优化顺序进入订单拣选工位上，当拣选作业操作完成后，再次由输送系统将订单送入下道处理工位。

多层穿梭车系统是一个革命性的成果，大幅提升了存取效率。其取代 Miniload 完成存取作业，以满足每小时 1000 次的存取作业需求，提升了存取效率。

优点：极高的吞吐量和 12 米的存储高度，大大提高了空间利用率。

缺点：成本高、技术难度大；穿梭车能够处理的货物尺寸和重量有一定限制。

使用场景：需要存储空间较大，要求快速、准确地处理大量订单并履行订单，并且对存储和取货效率有很高的要求。

3. 类 KIVA 机器人拣选

类 KIVA 机器人基于导航和路径算法，搬运货架至拣货区，操作员只需在拣选站内拣选货物。拣选完成后，机器人又将货架送回存储区。

优点：灵活性强，易于扩展，拣选速度快，人力成本低，可快速完成相应部署。

缺点：前期投入成本较高；对调度软件的算法精准性要求高。

使用场景：适用于 SKU 量大、商品数量多、有多品规订单的场景。

4. A 字架拣选

A 字架拣选系统是最早的自动拣选系统，由 A 字架储存装置、物料自动弹出装置、皮带输送系统、周转箱输送系统以及自动控制系统等组成。A 字架拣选系统的拣选能力取决于输送系统的速度。一般来说，一条拣选线每小时能完成 1000 个周转箱的拣选。这相当于电子标签系统下 35～40 人的工作能力，相当于传统拣选方式 100～120 人的拣选能力。

A 字架拣选系统主要适用于医药、化妆品、烟草等行业的拆零拣选，不适用于服装服饰、日用百货、图书等行业。此外，由于 A 字架受布局空间影响，拣选品种受限制，因此并不适应 SKU 数量太多的系统，如 B2C 等业务。

优点：拣货效率高，系统设计灵活，易于拓展，可进行产品批次的永久性追踪，用于低峰期补货、高峰期拣选、优化人员投入。

缺点：初始安装和配置成本较高，对产品的形状、大小和包装有一定的限制，不太适合形状不规则或大型物品的拣选。

使用场景：医药、化妆品、烟草等行业的拆零拣选，不适用于服装服饰、日用百货、图书等行业。此外，由于 A 字架受布局空间影响，拣选品种受限制，因此并不适应 SKU 数量太多的系统，如 B2C 业务等。

5. 垂直旋转式货架拣选

这是一种适用于中小件的"货到人"拣选存储系统，其形式千变万化，有数十种，旋转式货架操作简单，存取作业迅速，在工厂的应用最为广泛。相对于堆垛机和穿梭车立体库，旋转式货架更适用于中小规模的仓库或线边的快速存储分拣，多用于工厂里零件、标准件、刀量具、工具等的存储分拣。

6. 三维机器视觉机器人拣选

三维机器视觉系统赋予机器人极高的感知和判断能力，使其能够识别与抓取各种形状和尺寸的货品，几乎消除了拣选过程中的错误和误差，使企业能够更好地应对不断增长的市场需求。

（1）三维机器视觉机器人拣选方案由硬件配置、软件系统、任务规划组成。

硬件配置：包括一个或多个机器人，搭载三维视觉传感器、机械臂、运动控制系统和计算机视觉软件。

软件系统：机器人搭载先进的计算机视觉算法，可以实时捕捉、分析和处理三维图像，以识别和定位货品。

任务规划：一个中央控制系统负责任务调度、路径规划以及与仓库管理系统（WMS）的集成。

（2）三维机器视觉机器人拣选流程如图 2-6 所示。

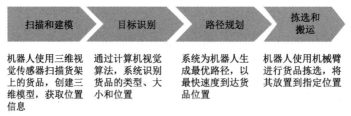

图2-6 三维机器视觉机器人拣选流程

（3）三维机器视觉机器人拣选具有高度自动化、拣选效率高、准确和可靠、灵活适应、节省人力成本、实时库存跟踪等优点。

各种拣货技术从本质上来说没有优劣之分，其关键点在于成本与效益的匹配，即投入和产出的匹配度如何。

任务四 配货与送货作业

一、配货作业

配送中心为了有序、方便地向众多客户发送商品，对拣选完成的商品进行整理、检查，装入容器做好标志，按送货要求进行有序组合，并送到发货暂存区，等待装车发送的过程称为配货。配货作业的流程如图2-7所示。

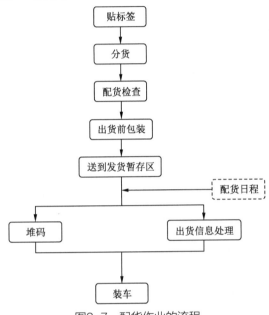

图2-7 配货作业的流程

（一）分货

分货是把拣选完成的商品按客户或配送路线进行分类的工作。分货的方式与拣选的方式有直接关系。配货作业与拣货作业不可分割，二者一起构成了一项完整的作业。目前，配送中心常用自动分拣机进行分货。自动分拣机是自动化领域的尖兵，担当着将各类物品精准分类的重要角色，具有高效、准确、精密等优点，可以提高物流分拣效率和运转速度。

分拣机是一种利用计算机技术控制电机或气动装置拨动物品的设备。其工作原理是将待分拣物品放置在传送带上，通过自动识别设备，将物品分类放至相应的容器中。

分拣机主要包括图像识别、机械结构和控制系统三个核心要素。

（1）图像识别是分拣机的"眼睛"。分拣机通过高分辨率的相机或者激光扫描装置，均能识别待分拣物品的特征。例如在快递分拣中，分拣机通过拍摄快递单上的条形码或二维码，轻松获取物品的各类信息；在食品加工行业，分拣机也能通过识别外观特征，对各类食品进行精准分类。图像识别涵盖了模式匹配、特征提取以及深度学习等算法，为物品的分类和识别提供了强大的后盾。

（2）机械结构则是分拣机的"骨骼"。它由输送带、传感器、机械臂和分拣器等部分组成。输送带将待分拣物品运送到合适的位置。传感器则负责检测物品的位置、形状、大小等信息，为系统提供反馈。机械臂作为核心部件，根据预先设定的分拣规则和识别结果，对物品进行精准抓取、转动和放置。而分拣器则根据物品的属性和目标位置的要求进行分拣。

（3）控制系统是分拣机的"大脑"。由计算机、PLC（可编程逻辑控制器）或微控制器等组成的控制系统，负责协调各个部件的工作。控制系统接收到图像识别系统传输过来的物品特征信息，进行分析和处理，然后根据分拣规则和算法，计算出物品的分类和分拣结果，接着向机械结构发送指令，控制机械臂和分拣器的动作，将物品准确地分拣到指定位置。同时，它还负责监测和调节分拣机的运行状态，确保其正常工作和安全性。

自动分拣系统是先进配送中心所必需的设施条件之一，常见的自动分拣系统主要包括交叉带分拣机、翻盘式分拣机、滑块式分拣机、摆轮式分拣机、滚珠式分拣机、辊筒浮出式分拣机。

此外，常用的自动化分拣设备还包括自动称重扫码机、量方称重扫码一体机、自动封箱机等。自动封箱机是一款自动化包装设备，适用于纸箱的封箱包装，既可单机作业，也可与流水线配套使用。

（二）配货检查

配货检查是对拣货和分货的正确性进行重新确认，一般由专人负责该项工作，这是保证配送工作质量、提升客户服务水平的重要环节。

1. 配货检查的内容

根据用户信息和车次核实物品的商品编码、数量、产品状态、品质等，以确认拣货作业是否有误。货物经过检查无误后方可装车发送。

2. 配货检查的方法

原始的配货检查方法是人工操作，即将货物一个个点数并逐一核对出货单，进而检查货物的品质及状态，其效率低下且容易失误。目前常用的方法主要有商品条码检查法、重量计算检查法、DWS+分拣机相组合。

（1）商品条码检查法。用条码扫描器阅读条码内容，计算机自动对比扫描信息与发货单，从而检查商品和商品数量是否有误。

（2）重量计算检查法。先利用自动化设备汇总出货单上的货品重量，而后将拣出货品用自动称重设备称重，再将二者互相对比检查。

（3）DWS+分拣机相组合。DWS+分拣机相组合可以在分货作业的同时完成配货检查。

DWS 设备是一种可以对货物/快递/包裹自动测量体积、称重、扫描等工作一体化完成的智能设备，即量方称重扫码一体机。D 是体积（Dimension）、W 是称重（Weight）、S 是扫描（Scanning）。该设备可以对接 ERP、WMS 等系统，实时上传数据，还可以添加分拣功能，根据需求添加多个分拣口，扫描以后将货物分拣到指定的出口处进行统一管理。随着物流行业精细化管理和运营水平的提高，DWS 设备的应用率逐年快速增长。常见的应用场景包括以下几种。

① 计费依据。体积数据是电商物流细分领域包裹运费结算的重要计费依据。

② 配载优化。由于散货占货运的大部分，基于体积数据的配载优化具有很大的价值，是后续运输成本优化的主要目标。

③ 拣货审核和包装优化。体积数据是拣货审核的重要依据，也可用于包装优化，节省大量包装和后续运输成本。

④ 仓库管理。在物流、仓储乃至一般工业行业中，进出货物的体积数据是基础管理数据之一。

⑤ 分拣优化。在许多自动分拣系统中（包括窄带式、摆式、交叉带式等），包裹体积信息可以帮助系统进行分拣和优化分拣，提高分拣效率和准确率。

二、送货作业

送货作业是指利用配送车辆，把客户订购的货物从制造厂、生产基地、批发商、经销商或配送中心，送到用户手中的过程。送货通常是短距离、小批量、高频率的运输方式，强调时效性、可靠性、便利性和经济性。它以服务为目标，以尽可能满足客户需求为宗旨。

送货作业包括车辆调度、车辆配载、配送线路优化等，我们将在"项目四 智慧配送运输系统"进行详细学习。

任务五　补货与退货作业

一、补货作业

（一）补货的含义

配送中心通过统计客户的订单资料，可确定货物真正的需求量。到出库时间时，当库存数量足以供应出货需求量时，即可依据需求数量下达拣货指令，指导拣货作业。而出货拣选不能仅关注拣选作业，还应注意拣货区域货物的补充，使拣货作业流畅且不因缺货而中断。

补货（Replenishment）是指为保证货物存货数量而进行的补充相应库存的活动。补货作业分为两种：配送中心补货和拣货区补货。

配送中心补货是指配送中心整体库存低于所设定的服务水平目标值或需达到最优库存水平时，向供应商发出订购指令并完成库存补充的工作，属于广义的补货。例如，某地仓库的某类货物不足，从主仓往分仓调货的操作。配送中心补货，属于外部补货，这类补货往往与整体供应链的调整有关。

拣货区补货是指当拣货区库存低于设定标准，无法满足或有可能延迟客户订单拣货要求时，将货物从仓库保管区域搬运到拣货区的工作。拣货区补货属于库内的补货操作，是仓库内的操作业务，属于狭义的补货。

因配送中心补货属于采购，故这里只介绍拣货区补货。

（二）区分拣货区与储存区

相对于传统物流仓储作业，现代物流仓储作业除了实施计算机管理和货位管理、自动化作业外，一般还将拣货区与储存区分开。在储存区中，货物按照各自的属性或依据供应商等条件存放并贴上标签；将经常性出库的货物摆放在拣货区。分开拣货区与储存区具有以下优点。

（1）存储作业方面，可以通过自动化立体库、密集存储等多种技术，大幅度提高仓储效率和作业效率，减少人工作业量，减轻人工作业的强度。

（2）拣选作业方面，可以大幅度减小作业场地面积，缩短作业路径，提高作业效率。

（3）大大减少相应的物流设备，有效控制系统总体投资。此外，还可以改善作业环境，如在冷链系统中，有的储存区的温度会达到零下35℃甚至更低，不适合人工作业，此时将拣货区与储存区分开，储存区采用全自动化作业，避开了恶劣作业环境的限制，拣货区温度可以适当提高至5℃左右，从而大大改善了人工作业区的环境。

（三）补货作业流程

伴随着拣货作业，拣货区库存量逐渐减少。为了保证拣货区有货可拣，当拣货区库存量降低至所设置的安全库存时，需要从储存区向拣货区补充货品，以满足拣货作业的需求。拣货区补货作业的流程如图2-8所示。

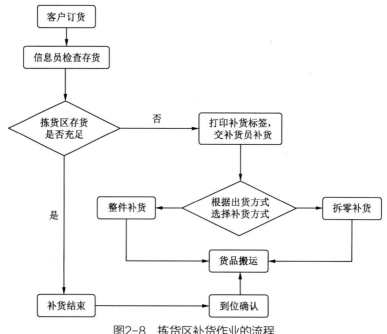

图2-8 拣货区补货作业的流程

接到客户的订单后，信息员首先在系统中检查拣货区货品数量是否充足。若拣货区货品数量充足，则补货结束。若拣货区货品数量不足，则系统自动生成补货计划，由补货员进行补货作业，具体操作步骤如下。

（1）打印补货标签（或补货单），交补货员补货。补货员根据补货标签到相应货位领取指定数量的货品，并需要核对条码号、名称、规格等信息，检查货品外包装是否完好。

（2）货品搬运。根据出货方式选择补货方式，有整件补货和拆零补货两种。取货后，补货员选用合适的搬运工具将货品搬运至拣货区目标货位。

（3）到位确认。补货员将货品整齐地放到指定货位，一种货品对应一个货位，货品与货位一一对应。

（四）补货方式

以补货数量为标准，补货可以分为以下三种方式。

1. 整箱补货

这种补货方式的保管区为料架储存区，拣货区为两面开放式的流动棚。拣货员拣货之后把货物放入输送机后输送至发货区，当拣货区的存货量低于设定标准时，则进行补货作业。这种补货方式由作业员到货架保管区取货箱，用手推车载箱至拣货区，适用于体积小且少量多样出货的货品。

2. 托盘补货

这种补货方式以托盘为单位进行补货。将托盘从地板堆放保管区运到地板堆放拣货区，拣货时把托盘上的货箱置于中央输送机输送至发货区。当拣货区存货量低于设定标准时，立即补货。在补货时，使用堆垛机将托盘从保管区运到拣货区，也可将托盘运到货架拣货区进行补货。这种补货方式适合于体积大或出货量多的货品。

3. 货架补货

此种补货方式的保管区与拣货区属于同一货架，同一货架的中下层作为拣货区，上层作为保管区。在进货时，则将拣货区放不下的多余货品放到上层保管。当拣货区的存货量低于设定标准时，利用堆垛机将上层保管区的货品搬至下层拣货区。这种补货方式适合于体积小、存货量低，且为中小量出货的货品。

（五）补货时机

补货作业是否发生，由拣货区的存货是否满足拣货需求而定，因此需要合理确定检查拣货区存量的时间、将存储区的存货补充至拣货区的时间，以避免拣货中途才发现拣货区的存货不足而需要临时补货，影响整体出货。补货时机可参考以下三种方式。

1. 批量补货

在每天或每一批次拣取之前，经计算机计算所需货品的总拣取量，再查询拣货区的货品量，计算出差额并在拣货作业开始前补足货品。这种补货时机适用于一天内作业量变化不大、紧急插单不多或每一批次拣取量需事先掌握的情况。

2. 定时补货

将每天划分为若干个时段，补货人员在固定时段内检查拣货区货架上的货品量，如果发现不足，马上进行补足。这种"定时补足"的补货时机较适合分批拣货时间固定且处理紧急订单的时间也固定的情况。

3. 随机补货

随机补货是一种指定专人从事补货作业的方式，这些人员随时巡视拣货区的货品量，发现不足则随时补货。这种"不定时补足"的补货时机较适合每批次拣取量不大、紧急订单较多，一天内作业量不易事先掌握的情况。

知识链接

ABC分类与
补货位设计

（六）补货作业管理技能

在补货的过程中，需要经过取货、补货上架等一系列作业环节，各个作业环节有不同的管理要求。

（1）取货注意事项。取货时要仔细核对取货位、货品代码和名称等信息。若发现包装损坏、内装货品与名称不符、数量不一致的情况，应及时向信息员反馈。补货员补货时要按规定动作开箱，避免损坏货品。补货员在取货时要轻拿轻放，在取货后要整理货位上的货品。

（2）补货上架注意事项。补货时，应根据补货标签上的提示，仔细核对货品名称、条码、货位，确认无误后再进行上架作业。补货上架时，保证一种货品对应一个拣货位。补货时，应把货品整齐存放在拣货位上。如果拣货位上补完此种货品后还有多余货品，应将其整齐存放在每一排指定的暂存区，以便拣货位上缺货时能及时补货到位，提高拣货效率。

（3）其他注意事项。若补货与拣货同步实施，补货员应把所需货品迅速、及时、准确地补充到相应货位，并随时检查拣货位上货品的出货情况，主动补货。补货结束后，要清扫所负责区域内的卫生，保证作业区域干净整洁。

补货的安排直接与拣货作业相关，补货作业需要精心安排，不仅为了确保存量，也为了将存货安置在方便存取的位置。补货作业需要确定补货方式、选好补货时机。

二、退货作业

（一）退货的分类

退货是指买方将购买物退还给卖方的过程。退货管理是指在完成物流配送活动后，由于配送方或客户对配送物品的有关影响因素存在异议或者其他原因，而进行处理的活动。

按照来源，将退货分为终端客户退货和供应链下游企业（如零售商、分销中心）退货。不论最终被如何处置，所有退货必须先回收和分类。

1. 终端客户退货

如果商品出现质量问题、包装问题等，终端客户一般会要求退货或换货。有时候即使产品没有质量问题，有些客户也会认为它有缺陷。这类退货被称为"无缺陷的缺陷品"。

2. 供应链下游企业退货

如果退货来自供应链成员，一般是厂家因过量订货而生产了过多产品，或者产品销售没有预期好；也有可能是产品已经到了生命周期的终点，或者过了销售季节，在可预见的未来不再被需要，即将成为呆滞库存；也可能是产品在运输中被损坏，要区别具体情况进行处理。

（二）退货的原因和处理方法

1. 退货原因

常见的退货原因主要有以下几种。

（1）协议退货

第一，与供应商签订了特别协议的季节性商品、代销商品等，如月饼、粽子、汤圆等，节后一般会退回剩余货品。第二，其他按照协议退货情况。例如，交付之后一段时间，客户发现由于下游客户订单取消或变更，或者由于采购货品过多，在可预见的未来不再被需要，即将成为呆滞库存，客户与供应商协商之后，由供应商按一定价格从客户处回购。

（2）搬运中损坏

由于包装不良或搬运中剧烈振动造成商品破损或包装污损，收货方将其退回。

（3）质量问题引发的退货

销售的商品存在质量问题，如不符合商品包装上注明的标准、不具备应当具备的使用性能。该类商品被卖出去后，买方提出退货，卖方应同意退货。

（4）滞销退货

销售终端的滞销商品也会退回供应商。一种商品由于已过保质期而无法正常销售；另一种商品若在保质期内且性能良好，经过适当的加工、包装、处理后，可再次进入流通市场销售。

（5）商品错送退回

由于商品规格、条码、重量、数量、包装等与订单不符，需要退回（或换货）。

2. **退货处理方法**

退货处理要根据商品的退货原因进行分析，不同的情况，退货处理方式也不相同。

（1）无条件重新发货

因供应商疏忽造成的错送，由供货商调回错发商品，重新调整发货方案，并按原订单重新发货，中间产生的所有费用由供应商负担。

（2）运输单位赔偿

因运输途中商品受到损坏而发生的退货，根据退货情况由发货人确定所需修理费用或赔偿金额，然后由运输单位负担。

（3）收取费用、重新发货

因客户订货有误而发生的退货，退货产生的所有费用由客户承担。退货后，再根据客户的新订单重新发货。

（4）重新发货或提供替代品

因商品缺陷引发客户退货的，配送中心在接到退货指示后，工作人员应安排车辆到门店收回商品并将其集中到仓库退货处理区进行处理。同时，通知供应商立即采取措施，用没有缺陷的同种商品或替代品重新填补零售门店的货架。

（5）回收后报废或者加工后再次销售

对于变质、过期或者鼠虫咬坏以及搬运损坏无法回收的商品，如有回收价值，则作为废弃物回收；没有回收价值，则直接报废。同时在会计处登记相关费用。对于搬运过程中损坏的货物，能够修复的修复，不能修复的作为废弃物回收，无回收价值的则直接报废。

对于部分损坏的，则将损坏部分处理，其余搬运入库。

如果是滞销商品，或是性能状况较好的回收商品，经过适当的加工、包装、处理后，可再次出售。

（三）退货作业流程

因各行业性质不同，退货作业流程的环节、复杂程度也不相同。从逆向物流角度分析，退货作业包括在店验收、入库交接、重新入库验收、跟踪处理四个子过程。

1. 在店验收作业流程

在店验收作业流程如图2-9所示。在店验收作业主要步骤如下。

图2-9　在店验收作业流程

（1）货品检查。配送员检查客户退回的货品是否符合物流中心退货规定，如保质期、外包装等。

（2）货品清点。对于符合物流中心退货规定的货品，配送员依照退货单检查货品名称、数量、规格是否与退货单信息一致，若不一致，就会拒绝接受退货。

（3）货品签收。经双方确认货品无误后，配送员在退货单上签名确认。

（4）返品上车。配送员将退回货品进行简单包装，并分别在退回货品上做简单标志，搬运上车，以方便识别不同客户退回的货品。

2. 入库交接作业流程

入库交接作业流程如图2-10所示。入库交接作业主要步骤如下。

图2-10　入库交接作业流程

（1）到库下货。配送车辆返回配送中心后，配送员按不同客户逐次将退回的货品和回收的物流箱搬运下车。

（2）在库对点。退货收货员根据退货单信息检查货品和物流箱的数量与规格是否正确。

（3）货品签收。确认货品无误后，退货收货员在退货单上签名并按规定保留相应单据存根。

（4）送到返品处理区。将退回的货品送到返品处理区。

3. 重新入库验收作业流程

重新入库验收作业流程如图2-11所示。重新入库验收作业主要步骤如下。

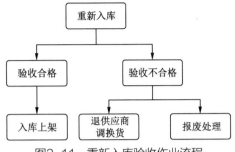

图2-11　重新入库验收作业流程

（1）对于验收合格的商品，办理入库手续，填写收/验/入库单（商品名、数量、存放位置、批号、保质期等信息），然后送到指定的正品存放区的库位中。如果是完好的商品(错配退回等)，要送回正品存放区（并填写移转单），重新入库。正品存放区的商品是可供配送的，这时总库存量增加。

（2）对于验收不合格的商品，填写退货单，并登录在册，暂行存放，及时退还给供货商以调换合格商品。调换回的商品同样要经过收/验/入库的过程，这时配送中心的总库存量增加。退回商品验收时，如发现商品包装破损、商品快到保质期或已过期、送交的商品与要求的商品不相符等情况，退货后配送中心要补货给收货单位，对退回的商品暂存待处理区，经检验后再做处理。对于质量和包装有问题的商品，通知公司业务部退还给供应商（退货单），过期和损坏的商品做报废处理（报损单）等，这些商品处理的流动过程会影响总库存量的变化，掌握这些商品的流转过程可以有效地控制逻辑总库存量。

此外，配送中心的财务部门在退货发生时要进行退回商品货款的估价，将退货商品的数量、销货时的商品单价以及退货时的商品单价信息输入企业的信息系统，并依据销货退回单办理扣款业务。财务处理及费用的核算是退货作业中的一个必要的作业处理过程。对于客户已经支付了商品费用的退货，财务部门要将相应的费用退还给客户。

4. 追踪处理作业流程

质量管理部门应对发生退货的商品进行调查分析，找出产生退货的原因，根据调查分析结果填写商品收回通知单后，销售部门根据商品收回通知单及销售记录，将商品收集并填写收回记录，质量管理部门针对退回商品追查原因并填写处理意见。生产计划部门根据处理意见安排再加工或销毁，并由质量管理部门跟踪进行。质量管理部门应根据造成退货的不同原因，责成相关责任部门制定预防措施，防止不合格品再次出现。

同步训练

1. 影响订单优先权的因素主要有哪些?

2. 订单优先权法则有哪些？

3. 简述拣货作业流程。

4. 按单拣选和批量拣选各适用于什么场景？

5. "人到货"拣货技术和"货到人"拣货技术各有哪些特点？适用哪些场景？

6. 整箱补货、托盘补货和货架补货各有什么特点？适用什么场景？

7. 简述退货分类及退货处理方法。

案例分析

1. 订单有效性分析

2023 年 7 月 31 日，乾元配送中心收到客户甲、乙、丙、丁四个客户的订单，每位客户本次订单金额、信用额度及应收账款如表 2-9 所示，请根据所学知识判断：（1）四位客户的订单是否有效？为什么？（2）如果订单无效，应该如何处理？

表2-9　客户订单有效性分析表　　　　　　　　　　　单位：万元

客户	信用额度	应收账款	本次订单金额	累计应收账款	是否超额	订单有效性	备注
甲	5	4.5	0.4	4.9			
乙	5	4	0.4	4.4			
丙	4	0	0.8	0.8			
丁	3	2.8	0.5	3.3			

2. 客户优先权分析

乾元配送中心主要为甲、乙、丙、丁、戊、己六位客户提供配送服务。六位客户的基本情况及各指标权重如表 2-10 所示，请应用方程式 $V=\sum MF$ 分析六位客户的优先权顺序。

表2-10　客户基本情况及各指标权重一览表

客户	甲	乙	丙	丁	戊	己	权重/%
上一期订单金额/万元	50	80	90	60	100	20	40
合作年限	3	5	5	6	3	1	20
客户级别	潜力	潜力	潜力	潜力	关键	一般	30
付款态度	爽快	爽快	尚可	爽快	爽快	爽快	10

 实训项目

订单处理作业

一、实训目标

根据客户订货要求，完成订单处理作业流程。

二、实训内容

1. 订单确认

2. 存货查询与分配

3. 说明存货不足时的处理方法

三、实训要求

可以在实训室利用订单处理作业仿真系统进行模拟操作，也可以在普通教室进行书面推算，同学们可分组，也可以独立完成实训。

1. 坤元配送中心是一家食品（乳制品）配送中心，公司现有库存情况如表 2-11 所示。

表2-11　坤元配送中心产品库存情况表

序号	商品编码	商品名称	单位	规格	单价/元	库存量
1	6922577723189	乐铂 2 段较大婴儿配方奶粉	罐	808 克	158	100
2	6922577723660	乐铂 2 段较大婴儿配方奶粉	盒	400 克	69	368
3	6922577726272	乐铂 2 段较大婴儿配方奶粉	盒（8 条）	8 条×18.8 克	19.9	856
4	6922577729730	乐星 1 段婴儿配方奶粉	罐	800 克	338	100
5	6922577729747	乐星 2 段较大婴幼儿配方奶粉	罐	800 克	291	100

2. 2023 年 11 月 30 日上午，配送中心的订单系统陆续收到 7 份订单，如表 2-12～表 2-18 所示。

表2-12　祥隆泰超市采购订单

序号	商品名称	单位	规格	单价/元	订购量	金额/元
1	乐铂 2 段较大婴儿配方奶粉	罐	808 克	158	15	2370
2	乐铂 2 段较大婴儿配方奶粉	盒	400 克	69	60	4140
3	乐铂 2 段较大婴儿配方奶粉	盒（8 条）	8 条×18.8 克	19.9	60	1194

表2-13　百惠超市采购订单

序号	商品名称	单位	规格	单价/元	订购量	金额/元
1	乐铂 2 段较大婴儿配方奶粉	盒（8 条）	8 条×18.8 克	19.9	150	2985
2	乐星 1 段婴儿配方奶粉	罐	800 克	338	10	3380
3	乐星 2 段较大婴幼儿配方奶粉	罐	800 克	291	12	3492

表2-14　心连心便利店采购订单

序号	商品名称	单位	规格	单价/元	订购量	金额/元
1	乐铂 2 段较大婴儿配方奶粉	盒	400 克	69	20	1380
2	乐铂 2 段较大婴儿配方奶粉	盒（8 条）	8 条×18.8 克	19.9	210	4179
3	乐星 1 段婴儿配方奶粉	罐	800 克	338	20	6760

表2-15　保和超市采购订单

序号	商品名称	单位	规格	单价/元	订购量	金额/元
1	乐铂2段较大婴儿配方奶粉	盒	400克	69	30	2070
2	乐铂2段较大婴儿配方奶粉	盒（8条）	8条×18.8克	19.9	180	3582
3	乐星1段婴儿配方奶粉	罐	800克	338	15	5070

表2-16　泰和超市采购订单

序号	商品名称	单位	规格	单价/元	订购量	金额/元
1	乐铂2段较大婴儿配方奶粉	盒	400克	69	10	690
2	乐铂2段较大婴儿配方奶粉	盒（8条）	8条×18.8克	19.9	160	3184
3	乐星1段婴儿配方奶粉	罐	800克	338	10	3380
4	乐星2段较大婴幼儿配方奶粉	罐	800克	291	10	2910

表2-17　红旗超市采购订单

序号	商品名称	单位	规格	单价/元	订购量	金额/元
1	乐铂2段较大婴儿配方奶粉	罐	808克	158	10	1580
2	乐铂2段较大婴儿配方奶粉	盒	400克	69	60	4140
3	乐铂2段较大婴儿配方奶粉	盒（8条）	8条×18.8克	19.9	60	1194

表2-18　宫北超市采购订单

序号	商品名称	单位	规格	单价/元	订购量	金额/元
1	乐铂2段较大婴儿配方奶粉	盒（8条）	8条×18.8克	19.9	150	2985
2	乐星1段婴儿配方奶粉	罐	800克	338	20	6760
3	乐星2段较大婴幼儿配方奶粉	罐	800克	291	12	3492

3. 客户信用额度使用情况如表2-19所示。

表2-19　客户信用额度使用情况一览表

客户名称	信用额度/元	应收账款/元	客户其他特殊要求
祥隆泰超市采购订单	20000	5000	无
百惠超市采购订单	20000	5000	无
心连心便利店采购订单	20000	8000	无
保和超市便利店采购订单	30000	5000	不允许缺货
泰和超市便利店采购订单	20000	5000	无
红旗超市采购订单	30000	5000	无
宫北超市采购订单	20000	5000	无

以上客户，保和超市便利店、红旗超市为A级客户，其余为B级客户。

四、实训报告

学生根据自己的订单处理作业过程以及存货分配结果，提出合适的拣货方式，初步制作拣选单，并对结果进行分析。如果存货分配不足，需特别说明处理办法以及原因。

智慧配送作业策略

项目三

学习目标

◎ **知识目标**

1. 掌握 ABC 分类、销售量变化趋势分析、EIQ 分析、物品特性与包装分析以及 PCB 分析;

2. 掌握常见的四种拣选策略;

3. 掌握常见的三种补货策略;

4. 掌握常见的三种退货策略设计角度。

◎ **技能目标**

1. 能用 ABC 分类、销售量变化趋势分析、EIQ 分析、物品特性与包装分析以及 PCB 分析等分析方法分析配送需求,为智慧配送运营管理提供参考依据;

2. 能根据客户订单选择适当的拣选策略;

3. 能应用补货策略进行补货操作;

4. 能应用退货策略进行退货管理。

◎ **素质目标**

培育并践行物流从业人员的效率意识、严谨细致、精益求精、吃苦耐劳的职业精神;培养并践行物流从业人员的服务意识。

知识框架

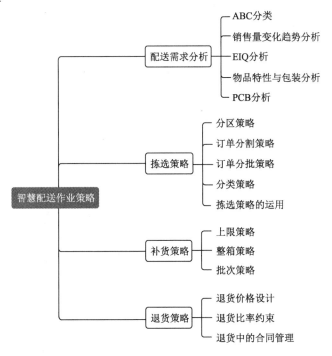

案例导入

疾速物流为全国各地的客户管理着电子商务、店铺零售和多渠道销售的业务，并提供全方位物流服务，包括网上订购、仓库管理与拣选出库、送货到销售点或者直接送达最终用户、退货管理。目前，疾速物流管理着 500 万个品规（SKU），日处理订单最多可达 100 万单，每年处理的商品多达上百亿件。但是随着电子商务的发展，退货随之增加。

思考：

1. 除了采用智慧物流配送软硬件设施，当线上线下的客户下单后，配送中心可以采用哪些策略持续不断地响应客户需求，以提高客户服务水平？

2. 针对退货增加现状，采用哪些方法加强退货管理？

任务一 配送需求分析

常用的分析方法包括 ABC 分类、销售量变化趋势分析、EIQ 分析、物品特性与包装分析以及 PCB 分析等。

一、ABC 分类

ABC 分类在库存控制和货位优化中起着重要作用。ABC 分类是将库存物品按照设定的分类标准与要求分为特别重要的库存（A 类）、一般重要的库存（B 类）和不重要的库存（C 类）三个等级，然后针对不同等级分别进行控制的管理方法。

ABC 分类的理论基础是关键的少数和次要的多数，即在存储的成千上万种商品中，少数几种占用了大部分资金（同理，在销售活动中，成千上万种商品中，少数几种取得大部分利润）。库存管理 ABC 分类法如表 3-1 所示。

表3-1　库存管理ABC分类法

分类	占总库存品种数的比例	占总出库金额的比例	管理重点	订货方式
A	5%～15%	60%～80%	压缩库存，精心管理，将库存压到最低水平	定期订货方式
B	20%～30%	20%～30%	适当简单的管理措施	定量订货方式为主,定期订货方式为辅,可适当提高安全库存
C	60%～80%	5%～15%	投入较少的力量管理、增加库存储备	简化管理方式,采用较高的安全库存,减少订货次数,应用双堆法等简单管理措施

二、销售量变化趋势分析

销售量是决定新建配送中心规模的基本条件。通过调查分析，掌握销售量的基本数据，对确定配送中心的规模非常重要。

首先，汇总整理收集来的历年销售和出货资料并进行分析，了解销售趋势和变化情况。然后，根据预测得到的不同类型销售量变化趋势，制定相应的对策和目标值。若某订单的峰值和谷值之比超过 3，则在同一个配送中心内处理将使效率降低，运营会更加困难，此时需要制定适宜的运营政策和方法，以取得经济效益和运营规模的平衡。

关于分析的时间单位，视资料收集范围及广度而定。对于预测发展趋势，一般以年为单位；对于季节变化预测，则以月为单位；分析月、旬或周内变化倾向，则以天为单位。

常用的分析方法有时间序列分析法、回归分析法和统计分析法等。下面用时间序列分析法简要分析销售量变化趋势，如表 3-2 所示。

表3-2　销售量变化趋势分析表

名称	变动趋势类型	分析	应用
长期渐增变化趋势		长期趋势有持续递增的趋向，应配合年周期的成长趋势加以判断	规划时应以中期的需求量为规模依据，如果需要考虑长期递增的需求，则可以预留空间或考虑设备扩充的弹性，以分阶段投资的方式设置
季节变化趋势		有季节性变动的明显趋势，以一年为周期的循环变动，发生原因通常是自然气候、文化传统、商业习惯等	如果季节变动的差距超过三倍，可考虑以部分外包或租用设备的方式，以避免投资过多造成淡季设备闲置；另外，在淡季时应争取互补性的货品业务以增加仓储设施利用率

名称	变动趋势类型	分析	应用
循环变化趋势		有以一季度为单位的周期性的变动趋势	如峰值和谷值差距不大,可以利用峰值进行规划,后续分析仅以一个周期为单位进行
不规则变化趋势		无明显规则的变动趋势,可能为多项变动因素的混合结果	配送中心较难规划,宜采用通用设备,提高设备使用的弹性;仓储货位以容易调整及扩充为宜,以应对可能突增的作业需求量

三、EIQ 分析

EIQ 分析,即订单品项数量分析法,最初由日本铃木震先生提出并积极推广到全球物流体系,是利用订单(Entry)、品项(Item)、数量(Quantity)三个物流关键规划要素来研究配送中心的需求特性,为配送中心提供切实可行的规划依据。EIQ 分析法是针对不确定和波动状态的物流系统的一种分析方法。这种分析方法能有效地规划出配送中心的大体框架结构,从宏观上有效掌握配送中心的物流特性。

在进行 EIQ 分析时,应首先考虑时间范围和单位。在以某一工作日为时间单位的数据分析中,主要订单出货资料可分解为表 3-3 所示的格式,并由此展开 EQ、EN、IQ、IK 四个类别的分析步骤。在资料分析时必须注意统一计量单位,应把所有订单、品项、出货量转换成相同的计算单位,否则分析将失去意义,如重量、体积、箱或金额等单位。金额与价值功能分析有关,多用在物品和储区分类等方面。重量、体积等单位与物流作业有密切的关系,它们将影响整个配送中心的规划与设计。

表3-3 EIQ资料分解格式

时间: 年 月 日　　　　　　　　　　　　　　　　　　　　　　　　单位:箱

客户订单	出货品项						订单出货数量	订单出货品项数
	I_1	I_2	I_3	I_4	I_5	……		
E_1	Q_{11}	Q_{12}	Q_{13}	Q_{14}	Q_{15}	……	Q_1	N_1
E_2	Q_{21}	Q_{22}	Q_{23}	Q_{24}	Q_{25}	……	Q_2	N_2
E_3	Q_{31}	Q_{32}	Q_{33}	Q_{34}	Q_{35}	……	Q_3	N_3
……	……	……	……	……	……			
单品出货量	$Q_{\cdot1}$	$Q_{\cdot2}$	$Q_{\cdot3}$	$Q_{\cdot4}$	$Q_{\cdot5}$	……	$Q_{\cdot\cdot}$	$N_{\cdot}$
品项出货次数	K_1	K_2	K_3	K_4	K_5	……	—	$K_{\cdot}$

注:

Q_1(订单 E_1 的出货量)=$Q_{11}+Q_{12}+Q_{13}+Q_{14}+Q_{15}+\cdots$

Q_1（品项 I_1 的出货量）=$Q_{11}+Q_{21}+Q_{31}+Q_{41}+Q_{51}+\cdots$

N_1（订单 E_1 的出货项数）=计数（Q_{11}，Q_{12}，Q_{13}，Q_{14}，Q_{15}，$\cdots$）>0

K_1（品项 I_1 的出货次数）=计数（Q_{11}，Q_{21}，Q_{31}，Q_{41}，Q_{51}，$\cdots$）>0

$N.$（所有订单的出货总项数）=计数（N_1，N_2，N_3，N_4，N_5，$\cdots$）>0

$K.$（所有产品的总出货次数）= $K_1+K_2+K_3+K_4+K_5+\cdots$

表 3-3 中，EIQ 格式是针对某一天的出货数据进行分析的，另外若分析数据范围为一个周期内，如一周、一月或一年等，则另外需要加入时间相关参数，即 EIQT 的分解格式如表 3-4 所示。

表3-4　EIQT资料分解格式

时间：　　年　　月　　日——　　年　　月　　日　　　　　　　　　　　　单位：箱

日期	客户订单	出货品项						订单出货数量	订单出货品项数
		I_1	I_2	I_3	I_4	I_5	……		
T_1	E_1	Q_{111}	Q_{121}	Q_{131}	Q_{141}	Q_{151}	……	Q_{11}	N_{11}
	E_2	Q_{211}	Q_{221}	Q_{231}	Q_{241}	Q_{251}	……	Q_{21}	N_{21}
	E_3	Q_{311}	Q_{321}	Q_{331}	Q_{341}	Q_{351}	……	Q_{31}	N_{31}
	……	……	……	……	……	……	……	……	……
	单品出货量	$Q_{\cdot11}$	$Q_{\cdot21}$	$Q_{\cdot31}$	$Q_{\cdot41}$	$Q_{\cdot51}$	……	$Q_{\cdot\cdot1}$	$N_{\cdot1}$
	品项出货次数	K_1	K_2	K_3	K_4	K_5	……	—	$K_{\cdot1}$
T_2	E_1	Q_{112}	Q_{122}	Q_{132}	Q_{142}	Q_{152}	……	Q_{12}	N_1
	E_2	Q_{212}	Q_{222}	Q_{232}	Q_{242}	Q_{252}	……	Q_{22}	N_2
	E_3	Q_{312}	Q_{322}	Q_{332}	Q_{342}	Q_{352}	……	Q_{32}	N_3
	……	……	……	……	……	……	……	……	……
	单品出货量	$Q_{\cdot12}$	$Q_{\cdot22}$	$Q_{\cdot32}$	$Q_{\cdot42}$	$Q_{\cdot52}$	……	$Q_{\cdot\cdot2}$	$N_{\cdot2}$
	品项出货次数	K_{12}	K_{22}	K_{32}	K_{42}	K_{52}	……	—	$K_{\cdot2}$
……	……	……	……	……	……	……	……	……	……
合计	单品总出货量	$Q_{\cdot1}$	$Q_{\cdot2}$	$Q_{\cdot3}$	$Q_{\cdot4}$	$Q_{\cdot5}$	……	$Q_{\cdots}$	$N.$
	品项出货次数	K_1	K_2	K_3	K_4	K_5	……	—	$K.$

注：

$Q_{\cdot1}$（品项 I_1 的出货量）= $Q_{11}+Q_{12}+Q_{13}+Q_{14}+Q_{15}+\cdots$

$Q_{\cdots}$（所有品项的总出货量）= $Q_{\cdot1}+Q_{\cdot2}+Q_{\cdot3}+Q_{\cdot4}+Q_{\cdot5}+\cdots$

K_1（品项 I_1 的出货次数）= $K_{11}+K_{12}+K_{13}+K_{14}+K_{15}+\cdots$

$K.$（所有产品的总出次数）= $K_1+K_2+K_3+K_4+K_5+\cdots$

（1）订单量（EQ）分析：单张订单订货数量的分析。EQ 分析可以了解单张订单订货数量的分布情形，可用于决定订单处理的原则、拣货系统的规划，并影响出货方式及出货区的规划。通常以单一营业日的 EQ 分析为主，各种 EQ 分布图如表 3-5 所示。

表3-5 EQ分布图

EQ 分布图类型	分析	应用
	一般物流中心常见模式,由于量分布趋于两极化,可利用 ABC 分法进一步分类	规划时可将订单分类,少数量大的订单可作重点管理,相关拣货设备的使用也可分级
	大部分订单量相近,仅少部分有特大量及特小量	就主要分布范围进行规划,少数差异较大者可作特例处理,但需注意规范特例处理模式
	订单量分布呈递减趋势,无特别集中于某些订单或范围	系统较难规划,宜规划泛用型的设备,以增加运用的弹性,货位也以容易调整为宜
	订单量分布相近,仅少量订单量较少	可区分成两种类型,部分少量订单可以考虑批处理或零星拣货
	订单量集中于特定数量而无连续性递减,可能为整数(箱)出货,或为大型对象的少量出货	可以较大单元负载单位规划,而不考虑零星出货

(2)订货品项数(EN)分析:单张订单订货品项数的分析。订货品项数分析主要了解订单类别订购品项数的具体分布,对订单处理的原则及拣货系统的规划有很大的影响,并影响出货方式及出货区的规划。通常需配合总出货品项数、订单出货品项累计数及总品项数三项指标综合参考。

(3)品项数量(IQ)分析:每单一品项出货总数量的分析。品项数量分析主要用于了解各类产品出货量的分布情况,分析产品的重要程度与运量规模,可用于仓储系统的规划选用、储位空间的估算,影响拣货方式及拣货区域的规划。各种 IQ 分布图如表 3-6 所示。

(4)品项出货次数(IK)分析:每单一品项出货次数的分析。IK 分析对了解货品类别的出货频率有很大帮助,主要作用是配合 IQ 分析决定仓储系统与拣货系统的选择。

表3-6　IQ分布图

IQ 分布图类型	分析	应用
	大部分产品出货量相近，仅少部分有特大量及特小量	就同一规格的储存系统及寻址型储位进行规划，少数差异较大者可作特例处理
	各产品出货量分布呈递减趋势，无特别集中于某些订单或范围	系统较难规划，宜规划泛用型的设备，以增加运用的弹性，货位也以容易调整为宜
	各产品出货量相近，仅部分品项出货较少	可区分成两种类型，部分中、少量产品可用轻量型储存设备存放
	产品出货量集中于特定数量而无连续递减，可能为整数（箱）出货或为大型对象，但出货量较小	可以较大单元负载单位规划，或以重量型储存设备规划，但仍需考虑物品特性

四、物品特性与包装分析

物品特性是货物分类的参考因素，如依据储存保管特性分为干货区、冷冻区及冷藏区，或依据产品重量分为重物区、轻物区，亦有依据产品价值分为贵重物品区及一般物品区等。因此，在配送中心规划和设计时，首先要分析货物物品特性，以划分不同的储存和作业区域。常见的物品特性与包装单位分析如表3-7所示。

表3-7　物品特性与包装单位分析表

特性	资料项目	资料内容
物品特性	①物态	□中性　□散发气体　□吸收气体　□其他
	②气味特性	□气体　□液体　□半液体　□固体
	③储存保管特性	□干货　□冷冻　□冷藏
	④温度、湿度需求特性	_____℃　_____%
	⑤内容物特性	□坚硬　□易碎　□松软　□其他
	⑥装填特性	□规则　□不规则
	⑦可压缩性	□可　□否
	⑧有无磁性	□有　□无
	⑨物品外观	□方形　□长条形　□圆筒形　□不规则　□其他

续表

特性	资料项目	资料内容
单品规格	①重量	_____（单位：　　）
	②体积	_____（单位：　　）
	③尺寸	长_____×宽_____×高_____（单位：　　）
	④基本单位	□个　□包　□条　□瓶　□其他
基本包装单位规格	①重量	_____（单位：　　）
	②体积	_____（单位：　　）
	③外部尺寸	长_____×宽_____×高_____（单位：　　）
	④基本包装单位	□个　□包　□条　□瓶　□其他
	⑤包装单位个数	_____（个/包装单位）
	⑥包装材料	□纸箱　□捆包　□金属容器　□塑料容器　□袋　□其他
外包装单位规格	①重量	_____（单位：　　）
	②体积	_____（单位：　　）
	③外部尺寸	长_____×宽_____×高_____（单位：　　）
	④基本包装单位	□托盘　□箱　□包　□其他
	⑤包装单位个数	_____（个/包装单位）
	⑥包装材料	□薄膜　□纸箱　□金属容器　□塑料容器　□袋　□其他

五、PCB分析

PCB分析，即储运单位分析，是指考察配送中心各个主要作业（进货、拣货、出货）环节的基本储运单位。一般配送中心的储运单位包括托盘（P）、箱子（C）、单品（B），而不同的储运单位，其配备的储存和搬运设备也不同。掌握物流过程中的单位转换很重要，需要对这些包装单位（P、C、B）进行分析。

常见的例子为企业的订单资料中同时含有各类出货形态，包括订单中整箱与零散两种类型同时出货，以及订单中仅有整箱出货或仅有零散出货。为了合理规划仓储与拣货区，必须依据出货单位类型对订单资料进行分割，以正确计算各区实际的需求。配送中心的储运单位组合分析如表3-8所示。

表3-8　配送中心储运单位组合分析表

入库单位	储存单位	拣选单位
P	P	P
P	P、C	P、C
P	P、C、B	P、C、B
P、C	P、C	C
P、C	P、C、B	C、B
C、B	C、B	B

综上所述，进行订单品项数量分析时，还需配合相关物品特性、包装规格、储运单位等因

素，进行关联及交叉分析，则易于对仓储及拣货区域进行规划。

除了以上常见的 ABC 分类、销售量变化趋势分析等五种定量分析方法外，还可以采用作业流程分析、事务流程分析、作业时序分析和自动化水平分析等定性方法对智慧配送需求进行分析，为智慧配送拣选策略和补货策略的制定奠定基础。

任务二　拣选策略

智慧配送拣选作业，需要拣货人员根据不同情况制定相应的策略。拣选策略是影响拣货作业效率的关键，包括分区、订单分割、订单分批、分类四大策略。

一、分区策略

分区是指对拣货作业场地进行区域划分。分区的主要原则包括以下四种。

1. **按货物特性分区**

按货物特性分区就是根据货物原有的性质，将需要特别储存搬运或分离搬运的货物进行分隔，以保证货物在储存期间品质不变。

2. **按拣货单位分区**

将拣货作业区按拣货单位划分，如箱装拣货区、单品拣货区，以及具有特殊货品特性的冷冻品拣货区等。其目的是使储存单位与拣货单位分类统一，以方便拣货与搬运单元化。一般来说，拣货单位分区所形成的区域范围是最大的。

3. **按拣选方式分区**

在不同的拣选单位分区中，按拣选方式又可以分为若干区域。首先以货物 ABC 分类为原则，按出货量的大小和拣选次数的多少进行 ABC 分类，然后再根据各群组的特征，选用合适的拣选设备和拣选方式，如图 3-1 所示。这种分区方法可以减少不必要的重复行走时间。

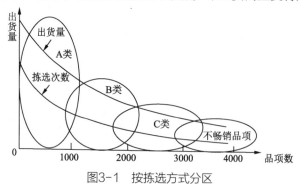

图3-1　按拣选方式分区

4. **按工作分区**

按工作分区是指将拣货场地划分为几个区域，由专人负责每一区域的货物拣选的分区方法。这种分区方法有利于拣货人员记忆货物存放的位置，熟悉货物品种，缩短拣货时间。

分区拣货，由于无法预测下一张订单究竟是哪个区的商品比较多，因此人手很难调配，每张订单所包括的类目比例是不一样的，造成不同分区的工作量分配变化也很大，很难根据时刻变化的工作量在各地分区之间进行调度，旺季时可能导致不能按时发货。

上述拣选分区可同时存在于一个配送中心内，或者单独存在。除接力式分拣外，在分区分拣完后仍需将拣出的货品按订单加以组合。

二、订单分割策略

将订单按拣货区域进行分解的过程叫订单分割。

当订单所订购的商品种类较多，或设计一个要求及时快速处理的拣货系统时，为了能在短时间内完成拣货处理，需要将一张订单分割成若干子订单，交给不同的拣货人员同时拣货。需要注意的是，将订单分割与分区原则结合起来，可取得较好的效果。订单分割一般是与拣货分区相对应的。对于采用拣货分区的配送中心，其订单处理过程的第一步就是按区域进行订单的分割，各个拣货区根据分割后的子订单进行拣货作业，各拣货区子订单拣选完成后，再进行订单的汇总。

常见的订单分割策略包括按拣选单位分区的订单分割策略、按拣选方式分区的订单分割策略和按工作分区的订单分割策略。

三、订单分批策略

订单分批是将多张订单集中起来进行批次拣取的作业。订单分批作业将每批次订单中的同一商品种类进行汇总拣取，然后把商品分类至每一客户订单。订单分批策略既可以缩短拣取时平均行走搬运的距离，又可以减少重复寻找储位的时间、提高拣货效率。订单分批的方法有以下几种：

1. 总合计量分批

总合计量分批指在拣货作业前将所有订单中订货量按品种进行累计，然后按总量进行拣取。其优点是一次可以拣出所有商品，使平均拣货距离最短；缺点是必须经过功能较强的分类系统完成分类作业，订单数量不可过多。总合计量分批适用于周期性配送。例如可将所有订单在中午前收集，在下午做总合计量分批拣货单据的打印等信息处理，第二天一早进行拣取分类作业。

2. 时窗分批

时窗分批指在存在紧急订单的情况下，可以开启短暂而固定的五分钟或十分钟的时窗，将这一时窗的订单集中起来进行拣取。其优点是能应对紧急插单的需求；缺点是各分拣区利用时窗分批同步作业时，会因分区工作量不平衡和时窗分批分拣量不平衡而产生作业等待，如能将这些等待时间缩短，则可以大大提高分拣效率。时窗分批较适用于密集频繁的订单，订购量及种类不宜太多。例如，目前电商仓库的半日达，即上午下单，下午送达，采用的是设置订单截止时间点（一般默认上午为 11 时或者 11 时 30 分），在截单点前的订单，可以按照其他几种策略生成批次，但是在截单点后的订单，会迅速在很短的时间内生成波次，需要加急作业。这种情况下，需要系统支持手动选择订单，提升订单优先级，达到优先生成批次的目的。

3. 固定订单量分批

固定订单量分批指按照先到先处理的原则，当累积的订单量到达预先设定的数量指标时，即开始拣货作业。这种分批方法处理速度慢于时窗分批方式，适用于订单交货时间比较宽松的情况。其优点是可以维持较稳定的作业效率，使自动化的拣货、分类设备发挥最大功效；缺点是订单的商品总量变化不宜太大，否则会造成分类作业的成本上升。固定订单量分批可以利用智能分批的原则，将订货项目接近的订单同批处理，以缩短分拣移动的距离。

4. 智能型分批

智能型分批指订单汇总后，由计算机按预先设计的程序，将拣取路线相近的订单进行集中处理，求得最佳的订单分批。采用计算机分批法，配送中心通常将前一天的订单汇总后，经过计算机处理，在当日下班前产生第二天的拣货单；但发生紧急加单时，处理作业较为困难。而智能型分批的优点是分批时已考虑到订单相似性及拣货路径的顺序，大大缩短拣货和搬运距离，使拣货效率进一步提高；缺点是所需计算机软件技术要求较高，数据处理时间较长。

此外，其他的分批方式还有配送地区、路线、订单优先级（如常规备货订单、加急订单）、订单类型（客户订单、门店订单等）、固定收货人数量（如一次10个收货人的订单作为一批次）、待发货产品的重量/体积、是否需要播种、客户等。

在批量拣选作业方式中，如何确定订单分批的原则和批量大小是影响拣货效率的主要因素。一般可以参考表3-9，根据配送客户数量、订单类型及需求频率三项条件，选择合适的订单分批方式。

表3-9　订单分批方式与适用情况分析表

分批方式	配送客户数量	订单类型	需求频率
总合计量分批	数量较多且稳定	差异小而数量多	周期性
固定订单量分批	数量较多且稳定	差异小而数量少	周期性或非周期性
时窗分批	数量较多且稳定	差异小而数量少	周期性
智能型分批	数量较多且稳定	差异较大	非即时性

四、分类策略

采取批量分拣作业方式时，其后必须有分类作业与之配合，而且不同的订单分批方式对应不同的分类作业方式。也就是说，决定分类方式的主要因素是订单分批的方式，不采取批量分拣的作业方式就不需要进行分类作业。

分类方式可分为先拣后分（SAP）和边拣边分（SWP）两种。先拣后分可用分类输送机完成分类或在空地上以人工方式分类。边拣边分由计算机辅助拣选台车进行分类，这种分类方式较适合与固定订单量分批及智能型分批方式配合。分类方式的决定除了受订单分批方式的影响外，表3-10也可作为判断分类方式的参考依据。

表3-10　各种分类方式的特性分析表

分类方式		特性		
		处理订单数量	订购货品品项数	货品重复订购频率
先拣后分	分类输送机	多	多	变化较大
	人工分类	少	少	较高
边拣边分		多	少	较低

小知识

拆零拣选作业是配送中心的核心业务形态之一。拆零作业广泛存在于医药、零售、图书、服装服饰、化妆品等行业领域的配送中心。拆零作业在不同的配送中心里所占比例有很大差异。例如，在以大卖场配送为主的零售业配送中心里，其所占整个配送量的比例为5%～8%；但在B2C电子商务配送中心里，其所占比例会高达99%。

那么什么是拆零拣选呢？配送中心的一个订单行一般可拆分为两部分：够整箱部分和不够整箱部分（也称为拆零部分或零头）。一般情况下，够整箱部分的拣选可在整箱区单独进行，拆零部分则要求与订单的其他行的零头合并拣选，并组合成箱。这种关于拆零部分的拣选，包括组箱和包装过程，统称为拆零拣选作业。

目前行业里针对拆零拣选的解决方案非常多，包括"人到货""货到人"以及全自动的机器人拣选等。其中，多层穿梭车系统和类Kiva机器人是目前市场主流的"货到人"拣选解决方案。

五、拣选策略的运用

在拣选系统的规划与设计中，最重要的环节就是拣选策略的运用。由于拣选策略的四个主要因素（分区、订单分割、订单分批、分类）之间存在互动关系，企业在确定运用何种拣货策略时必须按一定的顺序，才能使其复杂程度降到最低。图3-2是拣选策略运用组合图，从左至右是分拣策略运用时所考虑的一般次序，可以相互配合的策略方式用箭头连接，任何一条由左至右可通的组合链表示一种可行的拣选策略。

配送中心要根据企业的硬件和软件的条件，以及实际情况选择最适合自己的拣选策略，从而实现提高效率，降低成本的目的。

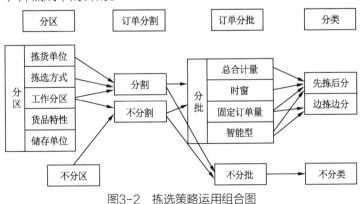

图3-2　拣选策略运用组合图

任务三　补货策略

补货策略主要是关于补货数量的策略，这是补货设计中需要考虑的重点。常见的补货策略有以下三种。

一、上限策略

补货上限包括两种情况：其一是补货位的储存上限，即一次补货的最低数量应达到拣选位的上限，对整件拣选区来说，其上限可能是一托盘或两托盘，而对拆零拣选区来说，可能是一箱或几箱；其二是补货要满足本批次的需求，在计算补货量时，往往会出现一些意外情况，如补货量超出拣选位的上限（物理的和逻辑的），这时的补货量至少要满足本批次的要求，但随之带来的难题是如何解决存储，这是设计者要考虑的重要问题之一。

二、整箱策略

补货不建议拆箱，而是应以整箱为基本补货单位。这一原则是为了减少不必要的操作而设置的。一般情况下，储存区是不储存零箱货物的，这一做法与整箱补货策略一致。但也存在例外，如在收货或退货再入库时，会存在不足一整箱的情形。

> **小知识**
>
> 零箱货物是指那些不满一整箱的货物，即没有装满一个标准箱的货物。这些货物可能是因为订单数量不足一个标准箱的大小，或者是在拆箱过程中产生的剩余部分。在仓储管理中，零箱货物通常不作为基本的补货单位，因为它们会增加额外的操作步骤，如拆箱、分类和存储，这会降低物流效率并可能增加出错率。

三、批次策略

很多情况下，拣选会有批次的问题，如医药物流中心，批次控制非常严格，这给拆零拣选区的设计带来挑战。事实上，一般不会为每一个批次都准备拣选位，尤其不能为其准备拆零拣选位，否则就会使拣选位变得不可控，进而使设计变得非常困难，原因是无法预测未来的批次会发展到多少。在设计中，拆零部分的货物与整件部分的货物并不强制要求必须是同一批号。

一般来说，配送中心对于批号的处理应遵循先入先出、整零分开的基本原则。但在实际中，一些企业的销售部门会比较关注批号问题，甚至会出现指定批号出库的现象，这种情况应尽量避免。在一个订单中尽量减少批号的数量是必要的。

拓展知识：制造行业中几种经典的库内补货模式及其原理

1. 两箱法或多箱法

两箱法是指在生产制造过程中，一种原材料在生产线的库存储备保持在两箱，一箱用作生产消耗，另一箱作为生产备用，俗称用一备一。

两箱法的原理：在原材料进行投产消耗时仅使用两箱中的一箱物料，当该箱物料消耗完后再开始投产使用另一箱原材料，同时触发补货信号，对生产线补充新的一箱备用原料，通过循环该过程保证生产连续。

两箱法是一个标准的补货拉动系统的简化版本，其好处是：①在生产物流中建立一个战略性的缓冲区；②通过缓冲库存将供应过程与消耗过程联系起来；③零件的补充是由消耗触发的。

两箱法或多箱法属于定量不定期的补货模式，在生产线存储空间固定的前提下，一般会固定几个储位用于存放某种零部件、半成品甚至成品。由于存储空间条件的限制，生产线会以空间的释放作为补货触发条件。部分通用型的小零件也会按照两箱法进行补货，当一箱消耗完后触发订货点。

2. 物流篮

物流篮是根据生产线工艺顺序和BOM（物料清单）组成，将一部分生产原材料按照台套定额，统一放置于同一个台套小车或物流器具中，当生产需要时按照台套定额对生产线进行配送供给，并且随着生产线同步运行的一种补货方式。

与传统补货方式的不同，物流篮在配送时会为多种物料同时进行拣选配套，而多种物料往往来源于多个原材料供应商。由于来源多、品类包装复杂，物流篮的拣选成套过程中需要增加物流作业成本，所以很多时候该项工作往往由第三方物流公司或者供应商完成。该过程中虽然增加了物流成本，但是在一定程度上会提高企业的装配质量，降低错装漏装的概率，从而降低企业的生产成本。

物流篮适用于体积较小，具有成套关系的一组零部件，同样也是按照生产线需求相同的顺序排列，组合在特殊设计的工位器具或物料小车内。因为物流篮的分拣多数由第三方操作，所以零部件多数先运送到物流中心后进行二次分拣，之后通过工位器具或物流小车与生产线的联动作业，提高装配效率。

3. MIN-MAX

MIN-MAX方式就是通过设置上下限库存量控制库存的一种管理方法，即当库存低于最小值时，下达采购指令，补充到库存最大值。库存计划方法与重新订货点方法相同，只是表现的形式和采用工具有所区别。

MIN-MAX方式的优点为逻辑简单，主要控制什么时间下达采购指令、订货批量是多少，缺点是很难确定最大值与最小值，需要对历史消耗及未来的需求有足够的了解。一般来讲，最小值=安全库存量+采购提前期×日平均消耗量，最大值根据企业的库存空间和采购频率进行设定。

MIN-MAX 方式属于定量不定期的补货模式，适用于大多数的价值较低的通用小型零件，由于这部分物料价值较低且波动性小，所以按照简单的 MIN-MAX 方式管理能够降低企业的采购人力成本。

4. 安灯

安灯系统不仅应用于生产线质量问题、设备维修等，还在物料的缺料补货中发挥着重要的作用。安灯补货模式是在生产过程中，当产生某种物料的需求时，通过触发安灯设备将信息传递至仓储部门，仓管人员根据安灯信号进行物料的拣货配送。

安灯补货模式可以分为人工触发与订货点触发两种补货方式，人工触发补货方式与订货点触发补货方式的区别在于，物料是否经常性在生产区域内进行储备，也就是说，是否能够随着物料的消耗而触发订货点，部分物料在生产现场并没有相应的库存储备，当有紧急需求时，往往通过人工触发安灯的方式将补货信息传递至仓储部门。

安灯属于定量不定期的补货模式，根据触发方式的不同应用于不同的零件，人工触发补货方式经常应用于使用频率较低但是对响应速度要求较高的一些备品备件等，而订货点触发补货方式则适用于价值高且体积较小的零部件。

5. JIS 按序供应

JIS 物流是 JIT 准时供货的一种更为高级而极端的物流供应作业状态，即"让正确的零件在需要的时间按顺序到达正确的位置，以安装到对应的产品上"。JIS 是运用在现代制造业，特别是离散型制造业混线生产中的一种高效率的生产和组装的物流管理技术。在 JIS 生产方式下，物料通常进行排序并随后配送到生产现场，JIS 按序供应模式要求将供应商的零部件生产线"耦合"到自己企业的生产线中，从而使浪费和风险降至最低。目前，其在汽车行业应用较多，主要应用于发动机、变速箱等关键零部件。

JIS 按序供应适用于体积较大、特征项较多的零部件，按照与生产线需求的相同顺序排列在单元化包装内，一般采用直运工位的搬运方式，也可以在配送中心排序后配送至生产线。

6. 看板配送

在精益物流中，按照丰田的分类，将看板分为工序内领取看板和外协订货看板，这里主要介绍外协订货看板。外协订货看板是针对外部的协作厂家所使用的看板，看板上必须记载进货单位的名称和进货时间、每次进货的数量等信息。外协订货看板与工序内领取看板类似，只是"前工序"不是内部的工序而是供应商，通过外协订货看板的方式，从最后一道工序慢慢往前拉动，直至供应商。

建立外协订货看板的原理：①订货信息根据均衡化生产要求而定；②由外协订货看板传递订货信息；③实现最终供货与生产需求相符合。由于外协订货的时间窗口是固定的，所以外协订货看板一般是定期发出的，但是定期补货的看板数量不一定相同，可见外协订货看板是定期不定量的补货模式。

外协订货看板适用于大多数的通用零部件。目前，企业的大部分原材料是按照此种方式进行采购的，不过大多数企业已经将其发展为电子化的送货通知。

任务四 退货策略

对于企业来说，退货是不可预测的；对于买方是否决定退货，卖方没有发言权。然而，卖方既要满足已经不满意的客户，又要尽量减少买方对自己运营的干扰。因此，退货管理中最重要的一点就是在保持一定客户服务水平的前提下尽可能避免退货。合理的退货策略能够平衡成本和企业的竞争优势。企业退货制度的设计必须使退货最少化。企业预防退货的管理措施可包括：产品质量测试，退货协议（与零售商或分销商签订），客户增值服务（如提供免费电话帮助客户退货）。在实际运行中，一般应从以下几个角度设计退货策略。

一、退货价格设计

退货策略有全额退货和部分退货之分。全额退货是按照原先的批发价对零售商的退货进行全额退款；部分退货则是按批发价给予一定的折扣。部分退货策略给退货制造了一点障碍，产生了一定成本，会降低零售商的盈利水平，从而增加零售商的风险意识，促使其加大销售力度，降低厂商退货成本。

二、退货比率约束

生产厂商可采取零退货策略。零退货并不意味着公司不接受来自客户的任何退货；相反，公司给零售商一个合适的退货比率，并为退货处理提供相应指导。该策略通常以给予零售商折扣为前提，实际上是把退货责任转移给零售商，减少了生产商和经销商的费用。但是不利的一点是，生产商失去了对商品的控制权。

为了减少退货，有些公司采取了比较严格的退货策略。但是，在同一行业中，如果其他公司有相对宽松的退货策略，这样做可能对公司产生不利影响。制定退货策略的初衷是免除或减轻销售风险，鼓励零售商大量进货、客户大量购买，以增加产品销售数量。线上购物平台"退货无忧"服务，减少了客户因退换货产生的运费损失，提升了客户网店购物体验，大大提高了网店的销售量。

三、退货中的合同管理

在退货过程中，由于合同管理缺失引起的商品权责归属不明是实际运行中常见的一个问题。例如，一家为连锁集团服务的第三方物流公司，由于供应商和零售商之间对退货责任理解不一，导致产品大量堆积在其仓库而引发了运营困难。同时，大量价值庞大的退货，因为没人处理而只能在原处等待，直到过期或彻底损坏。

平常不为人所注意的退货，在合同的签订过程中常常被一笔带过甚至被彻底忽视。其实，合同中的退货条款，作为加快企业资金周转、充分挖掘剩余价值的措施，以及合理限制客户退货比例的手段，只有详细、具体、明确，才可能在将来避免发生纠纷。

同步训练

1. EIQ 分析的含义是什么？

2. 拣货策略分为几种？适用什么情况？

3. 简述补货策略。

4. 简述退货策略。

5. 配送中心的商品每天平均采购 8 箱，平均在库时间 4 天，该商品每托盘可放 40 箱，则该商品的储存单位是什么？

6. 表 3-11 给出了 EIQ 分析资料的基础信息，请完成 EIQ 分析的 EQ、EN、IQ、IK 的分析内容。

表3-11　EIQ资料分解格式

时间：　　　年　　月　　日　　　　　　　　　　　　　　　　　　　　单位：箱

客户订单	出货品项						订单出货数量 EQ	订单出货品项数 EN
	I_1	I_2	I_3	I_4	I_5	I_6		
E_1	3	4	0	1	2	4		
E_2	2	0	4	6	7	0		
E_3	4	0	0	0	0	8		
E_4	2	8	0	3	5	2		
单品出货量 IQ								
品项出货次数 IK								

 案例分析

一、竹简图书是一家线上图书商城，经营的图书 SKU 数量巨大，达到百万级以上。而负责图书 SKU 的采购人员只有十几个人，平均每个人要管理十几万种图书的进货工作，他们每天都需要考虑进哪些货，华北、华东、华南、华中、东北、西南、西北各仓分别进多少货等。线上平台大促销之前，竹简图书要提前大量备货，以应对销售高峰。但这种大批量补货一般会出现两个结果：一是即便备货，仍然有部分产品断货，浪费流量，影响销量；二是促销之后，没卖到预期销量的商品，会出现大批退货。2019 年促销之前，竹简图书采用了以下措施，在降低备货量的同时，提高销量，减少退货。

1. 优化补货策略，避免多补多退

与营销、销售、合作伙伴紧密沟通，通过不同的活动形式，精确计算不同的补货策略，由粗到细，采用多频次、精准备货的方式，由之前的三次备货到此次的九次备货。这样做可以实现到货快、断货少，减少了客户因等待订单时间长而取消订单的数量，增加了销售量。同时，库存积压少，降低了退货率。

2. 自动补货系统，实现精准下单

自动补货系统，可以精准提供未来销量预测，并分享给合作伙伴；采用周期性补货策略，根据大数据预测，使竹简图书供应链的下单更加精准，实现补货精细化、智能化，从而精准预测客单价、件单价及出库单量；能够帮助供应商在提高销量的同时控制好库存周转，尽可能少占用供应商的资金。

思考：

（1）这里的补货是什么意思？

（2）竹简图书的补货策略是什么？

二、消费者王先生支付 16800 元在某电商平台上购买了一套某品牌的真皮沙发，收到货一周之后，王先生发现沙发出现了一个长约 5 厘米的破口。

王先生以产品质量为由要求适用"七天无理由退货"，并且由卖家承担 650 元运费，但是商家表示，收货超过 7 天，产品出现问题是消费者自己的问题，不接受退货。若王先生坚持退货，则需要支付 650 元运费并且赔偿沙发价值贬损造成的损失 2000 元。

如果你是王先生，怎样做才能维护自身权益？

 实训项目

一、实训目标

根据客户订单确定补货方式和补货数量，完成补货作业。

二、实训内容

1. 确定补货方式和补货数量。

2. 缮制补货单。

3. 完成补货作业。

三、实训要求

2023 年 11 月 19 日上午 11 点之前，常山粮油配送中心收到 12 位客户的订单，每份订单中至少包括 3 种商品（商品名称用英文字母代替），12 份订单的商品情况如表 3-12 所示。

表3-12 常山粮油配送中心订单商品情况

订单 1	1 箱 A，2 箱 B，1 箱 C	订单 7	1 箱 B，2 箱 D，1 箱 K，2 箱 X
订单 2	1 箱 A，2 箱 B，3 箱 Y	订单 8	2 箱 B，2 箱 G，5 箱 F，3 箱 R
订单 3	2 箱 D，2 箱 C，4 箱 X，4 箱 M	订单 9	1 箱 A，2 箱 D，2 箱 F，3 箱 T
订单 4	3 箱 C，2 箱 G，5 箱 K，2 箱 M	订单 10	1 箱 C，2 箱 D，3 箱 T，2 箱 M
订单 5	2 箱 A，2 箱 B，4 箱 M，4 箱 X	订单 11	2 箱 A，1 箱 G，1 箱 K，2 箱 T
订单 6	2 箱 B，2 箱 D，5 箱 E，5 箱 M	订单 12	1 箱 C，2 箱 G，5 箱 K，1 箱 X

时间： 年 月 日 时

假设商品包装规格相同，一个托盘上可以存放 4 箱商品，且储存区有足够商品用作补货作业。

　　拣货区现有商品 A：1 箱，商品 B：1 箱，商品 C：0 箱，商品 D：0 箱，商品 E：4 箱，商品 F：0 箱，商品 G：4 箱，商品 K：1 箱，商品 M：3 箱，商品 R：0 箱，商品 T：2 箱，商品 X：3 箱，商品 Y：6 箱。

　　请在普通教室确定补货方式和补货数量，缮制补货单，然后在物流实训室模拟补货作业。

四、实训报告

　　总结实训过程、结合相关理论，撰写实训报告。

项目四

智慧配送运输系统

◖ 学习目标

◎ **知识目标**

1. 理解配送运输的含义、特点；

2. 掌握配送运输的基本作业程序；

3. 理解配送计划的含义、制定依据及内容；

4. 掌握配送计划编制及任务分配；

5. 理解车辆调度的概念、特点及作用；

6. 理解配载的含义，掌握配载的影响因素和基本原则；

7. 掌握提高车辆配载效率的方法；

8. 理解配送线路优化的原则，掌握配送线路类型及其约束条件；

9. 掌握单车多点和多车多点两类配送线路优化问题的典型方法。

◎ **技能目标**

1. 能够根据货物配送需要设计相应的配送线路；

2. 能够完成配送计划的编制及配送任务的分配及跟踪；

3. 能够分析配载的影响因素和基本原则；

4. 能够使用提高车辆配载效率的典型方法解决实际的配载问题；

5. 能根据实际配送问题分析配送线路优化的类型和约束条件；

6. 能够使用配送线路优化问题的典型方法解决单车多点和多车多点两类配送问题。

◎ **素质目标**

培育并践行物流从业人员的工匠精神和严谨细致、精益求精、不断创新的职业精神。

知识框架

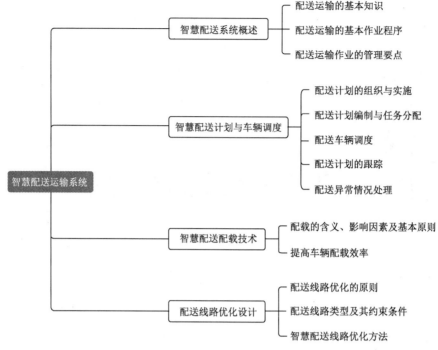

案例导入

作为国内知名电商互联网购物平台，京东一直坚持做自己的物流配送。京东的终端配送在电商界具有独特优势，整个配送环节没有用到第三方物流，全程由自己操作，灵活性极高，在自己的仓储系统中寻找距离用户最近的仓库，从中调拨产品并送到用户的手中，降低传统电商第三方物流的中转耗时，大大提高了物流运输效率，为京东的"当日达"和"次日达"提供了有力支撑。

京东还自主研发了大量的智慧配送运输设备，如无人快递车、无人配送机等。京东物流自2016年起开始致力于智能快递车的研发和应用，也是首家将自动驾驶应用到物流配送实际场景中的企业。截至2022年年底，智能快递车最大可载重200千克，可续航100千米，集成了高精度定位、融合感知、行为预测、仿真、智能网联等十大核心技术，可以实现高级别自动驾驶。后台可实时掌握车辆状态，关键时刻对车辆进行有效干预，全面提高了安全性及使用效率；结合人工智能算法和大数据技术，车辆对低矮障碍物的识别能力大大提升，有效提升了自动驾驶的智能水平。在无人配送领域，京东物流是数量规模化最大、跑行时间最长、分布区域最广的企业之一。截至2022年年底，京东物流在全国30座城市已经投入运营超700台无人车。600台智能快递车和超100台室内配送机器人的投用，为消费者提供"最后一公里""最后100米"末端配送服务。现如今，京东物流无人配送已经实现了对城市社区、商业园区、办公楼宇、公寓住宅、酒店、校园、商超、门店等八大场景的覆盖，满足消费者的多元需求。

思考：

1. 京东物流的配送运输具有哪些优势？

2. 你是如何看待京东智慧配送运输设备的？

任务一　智慧配送系统概述

一、配送运输的基本知识

（一）配送运输的含义

配送运输是指物流过程中的中转型送货，也称二次运输、支线运输、终端运输。在产品用户集中的区域，按用户的订货要求和时间计划，在配送中心配货，并将配好的货物采用汽车巡回运送方式送交收货人。其适用于小范围、近距离、多品种、小批量的运输，为多用户服务。

（二）配送运输的特点

1. 时效性

时效性是指确保在客户指定的时间内交货。影响时效性的因素有很多，除配送车辆故障外，所选的配送线路不当、司机操作不当导致车祸事故等均会造成时间上的延误。因此，必须在认真分析各种因素的前提下，合理地选择配送线路、配送车辆、送货人员，保证货物能及时送达客户手中。

2. 安全性

安全性是指将货物完好无损地送到目的地，它是配送中心的差错率、货损率的考核指标。影响安全性的因素有配送人员的素质、装卸作业是否规范、运送过程中的机械振动和冲击及其他意外事故等。要实现配送安全性，关键在于提升配送人员的素质和规范化操作。

3. 沟通性

配送运输是运输作业的末端服务，通过送货上门服务直接与客户接触，是与客户沟通最直接的桥梁。配送人员代表公司形象和信誉，在沟通中起着重要作用。所以，必须加强对配送人员的培训，规范其职业行为，充分利用配送运输活动中与客户沟通的机会，巩固和发展公司的信誉，为客户提供优质服务。

4. 便利性

便利性是指在配送过程中应尽可能地让客户享受到便捷的服务。作为服务行业，配送应以最大程度地满足客户需求为目标。因此，配送应该完善自己的服务环节，通过采用高弹性的送货系统，如紧急送货、顺道送货与退货、辅助资源回收等，为客户提供真正意义上的便利服务。

5. 经济性

企业经营的基本目标是实现一定的利润，在满足客户需求的基础上，以较低的成本完成任务，从而获取一定的利润，这是企业持续经营的动力。因此，配送服务不仅要考虑到安全性、及时性、便利性等，还必须注重效率，加强成本控制与管理，以获取一定的利润。

二、配送运输的基本作业程序

1. 划分基本配送区域

为了便于安排配送运输，需按照不同的地理位置将配送作业区域进行整体划分，把每一个客户都囊括在不同的配送区域中，作为下一步决策的基本参考。例如，按行政区域或交通条件划分不同的配送区域，在这一区域划分的基础上通过弹性调整来安排配送。

2. 车辆配载

由于配送货物品种多，性质各异，时限要求不同，为提高配送效率，确保货物配送运输质量，企业在接到订单后，需要根据货物的特性及时限要求将其进行分类，再根据其特性选择适当的配送方式和运输工具。例如，将货物分为冷冻食品、速冻食品、散装货物、箱装货物等，按其性质进行分类配载；其次，货物配送运输有轻重缓急之分，须按照先急后缓的配送原则，合理组织配送运输。

3. 暂定配送先后顺序

在制定最终的配送方案前，应先根据客户订单要求的送货时间对配送的先后顺序进行大致排序，为后面的车辆安排和车辆配载做好准备工作。预先确定基本配送顺序可以确保将货物在规定时限内送到客户手中。

4. 车辆安排

车辆安排是确定用什么类型、吨位的配送车辆进行配送。一般企业拥有的车辆在车型、数量上比较有限，当本公司车辆无法满足要求时，就需要外雇车辆。在保证配送运输质量的前提下，是组建自营车队，还是以外雇车为主，须视经营成本而定。无论是自有车辆还是外雇车辆，都必须事先掌握自己有哪些车辆可供调派并符合配送要求；安排车辆之前，还必须分析订单上货物的信息，如体积、质量、数量等，尤其是货物装卸的特殊要求。综合考虑各方面因素，做出最合适的车辆安排。

5. 选择配送线路

安排好送货车辆，确定客货地址后，还需要规划具体的配送线路。如何以最快的速度、最低的成本完成货物的配送，就需要在掌握客户的具体位置和要求、沿途的交通情况等信息的基础上选择最优的配送线路。

6. 确定最终的配送顺序

完成车辆安排并选择好最佳的配送线路后，依据制定好的送货计划，就可以确定每辆车的送货顺序，从而预估货物送到每位客户的大致时间，并通知客户准备接货。

7. 完成车辆配载

明确了客户的配送顺序后，就要考虑车辆的配载问题。原则上，只需将货物依"后送先装"的顺序装车即可，但有时为了有效利用空间，还要根据货物的特性（怕震、怕压、怕撞、怕湿等)、形状、体积及质量等进行弹性调整。此外,对于货物的装卸方法,也必须依照货物的性质、形状、质量、体积等进行决定。

8. 运送

根据运送作业计划所确定的线路,在规定的时间内及时、准确地将货物运送到客户手中,在运送过程中要注意加强车辆的监控与管理。

9. 送达交接与结算

货物送达目的地后,送货人员协助收货单位完成卸货,做好货物验收工作,并将相关单证递交财务部门进行款项结算。

三、配送运输作业的管理要点

配送运输作业的管理要点包括下列内容。

(1)在兼顾服务效率与成本控制的前提下,选择最佳配送线路、最佳配送时间、最佳配送工具,提高车辆的满载率。

(2)调派司机及随车人员时,要考虑他们的工作能力、身体状况、以往的工作情况和配送区域,以便更有效地安排配送人员。

(3)在配送运输过程中遇到困难或不能完成任务时,应返回配送中心进行原因分析,避免在下次车辆和人员调派时出现相同或类似的错误。

(4)车辆调派系统应具备预测所需车辆的种类、数量、功能,并建立数据库的功能,以便在配送作业量有波动时能随时与第三方物流公司联系,利用第三方物流公司完成配送工作。

(5)由于配送的客户较多且分布范围广,而配送的货物批量小、品种多,因此须具备较强的数据处理能力。

🔵 任务二 智慧配送计划与车辆调度

一、配送计划的组织与实施

(一)配送计划的含义

配送计划是指物流中心根据客户的订单需求,在配送中心现有配送条件下,制定的货物拼装、车辆选择与线路选择的具体方案。它直接影响配送中心的服务质量,对整个配送活动进行指导。一个好的配送计划可以有效降低配送中心配送成本、提高配送中心的工作效率和物流服务水平,缓解城市交通拥堵和环境污染等问题,使配送更合理化。

(二)配送计划的制订依据

1. 客户订单

客户订单不同,订货量、出货形式也不相同,导致理货、拣货、配货、配装、包装、送货、服务与信息等作业在人员、设备、工具、效率、时间和成本等方面也不相同。因此，配送计划的内容也会不同。所以，客户订单是制订配送计划的基本依据。

2. 物流渠道

制订配送计划时，公司应根据配送中心在物流渠道中的位置和上下游客户的特点进行规划。

3. 物品特性

配送物品的体积、形状、重量、性能以及运输要求是决定运输方式、车辆种类、载重、容积、装卸设备的制约因素。

4. 运输、装卸条件

运输道路交通状况、送达地点及其作业地理环境、装卸货时间、天气等对配送运输作业的效率具有约束作用。

5. 物流服务水平

衡量物流服务水平的指标主要包括订货交货时间、货品缺货率和增值服务能力等。配送中心应针对客户的需求，制定一个合理的服务标准，使配送服务与配送成本均衡，提高客户满意度。

（三）配送计划的内容

1. 货物的拼装

货物的拼装是指按照客户所需商品的品种、规格、数量、送达时间和地点的要求，充分利用运输工具的载重量和容积，采用先进的装载方法，合理安排多种货物的装载。在物流中心的作业流程中安排货物的拼装，把多个客户的货物或同一客户的多种货物满载于同一辆车上，不但能降低送货成本，提高企业的经济效益，还可以减少交通流量，改善交通拥堵状况。

2. 车辆安排，确定每辆车负责的客户

车辆安排是根据货物的特性及客户的要求，确定安排什么型号、种类的配送车，是使用自用车还是外雇车，为客户进行货物配送。在客户方面，必须根据客户的订货量、订货体积、重量，以及客户点的卸货特性；在车辆方面，要知道有哪些车辆可供调派以及这些车辆的容积与额定载重限制；在成本方面，必须根据自用车的成本结构及外雇车的计价方式考虑如何选择比较合适。在安排车辆时要全面考虑上述三个方面的情况，以做出最佳决策。

3. 路径选择

路径选择是指物流中心根据客户点的位置及交通状况，确定配送车辆行车线路和客户点的配送顺序。选择配送距离短、时间短、成本低的线路，是配送计划编制的关键内容。此外，配送线路的选择还必须考虑有些客户所在地点环境对送货时间、车型等方面的特殊要求，如有些客户不在上午或晚上收货，有些道路在某高峰期实行特别的交通管制等。通常情况下，配送路径确定之后，客户点的配送顺序也就确定了，确定配送批次顺序与配送线路优化是综合起来考虑的。

二、配送计划编制与任务分配

（一）配送计划编制

配送计划是按市场信息为导向、商流为前提、物流为基础的基本思想进行编制的，即以商流信息为主要依据编制配送计划。因此，配送计划要先对各配送信息进行分析和处理，主要有以下几点。

（1）从商流信息的角度，订货合同所提供的信息是制订配送计划的重要依据。订货合同包括客户的送达地、接货人、接货方式的要求，以及客户订货的品种、规格、数量、送货时间和其他送接货的要求等。

（2）研究分析所需配送的货物性能、运输条件，并在考虑需求数量的前提下，确定运输方式及运载工具等。

（3）根据交通条件、道路等级，研究分析并制订运力配置计划，这对充分发挥运载设备工具的效率起着重要作用。

（4）各配送点的运力与货物资源情况，包括货物的品种、规格、数量等。

在对以上信息进行分析和整理的基础上，确定配送计划要实现的目标，并生成配送计划。目前的配送业务中，配送计划主要依靠配送人员的经验采用人工方法进行编制；随着配送的复杂化，现在很多配送中心也开始采用优化程序，利用数学方法辅助编制。

（二）配送计划的下达与执行

配送计划确定之后，可以通过电子计算机或表格的形式及时下达到用户及相关部门，使用户按计划做好接货准备，使配送中心相关部门按计划规定的时间、品种、规格、数量、线路发货，其具体操作主要有以下几点。

（1）将配送计划所确定的到货时间以及到货品种、规格、数量通知用户和配送中心相关业务部门，以便用户按计划准备接货，督促各业务部门按计划准备发货。

（2）按配送计划确定需要的货物配送量，审核库存货物以确保满足配送计划要求；如果不符合配送计划要求，或数量不足，或品种不齐等，需要组织进货。

（3）按配送计划的要求，将各用户所需的各种货物进行分拣与配货，然后进行适当的包装，并印刷包装标志，包括用户名称、地址、配送时间、货物明细及运输、装卸、搬运过程应注意的事项等。

（4）配送货物的发运与送达。按配送计划的要求将货物组织装车，在完成装载任务的前提下，按先卸货物后装、后卸货物先装的原则进行装车，并将发货明细表交给随车送货人或司机。然后，将货物按指定的线路送达用户卸货处，并由用户在回执上签字。配送任务完成后，通知财务部门结算。

三、配送车辆调度

（一）车辆调度的概念及原则

1. 车辆调度的概念

车辆调度是指制定行车线路，使车辆在满足一定约束条件的前提下，有序地通过一系列装货点和卸货点，达到路程最短、费用最低、耗时最少等目的的科学决策过程。

2. 车辆调度的原则

车辆运行作业计划在组织执行过程中常会遇到一些难以预料的问题，如客户需求发生变化、装卸机械发生故障、车辆运行途中发生技术障碍、临时性路桥阻塞等。针对以上情况，车辆调度部门要有针对性地分析和解决问题，及时进行车辆调度，随时掌握货物状况、车况、路况、气候变化、驾驶员状况、行车安全等，确保配送运输作业顺利进行。车辆调度应遵循以下原则。

（1）坚持从全局出发，局部服从全局的原则

在编制和实施运行作业计划的过程中，要从全局出发，保证重点、统筹兼顾，运力安排应贯彻"先重点、后一般"的原则。

（2）安全第一、质量第一的原则

在配送运输过程中，要始终把安全工作和质量管理放在首要位置。

（3）计划性原则

根据客户订单要求认真编制车辆运行作业计划，并随时监督和检查运行作业计划的执行情况，按计划配送货物，按计划送修、送保车辆。

（4）合理性原则

根据货物性能、货物体积、货物重量、车辆技术状况、道路桥梁通行条件、气候变化、驾驶员技术水平等因素合理调派车辆。在编制运行作业计划时，应科学合理地安排车辆的运行线路，有效降低运输成本。

（二）车辆调度的特点及作用

1. 车辆调度的特点

（1）计划性

计划性是车辆调度工作的基础和依据。事先划分好配送区域，配送车辆按照划分好的区域线路执行每日的配送工作。

（2）灵活性

物流配送过程中要时刻对配送系统进行检查，对客户临时增减任务量、道路拥堵、车辆抛锚、交通管制、司机生病等异常情况灵活调整调度指令，避免配送中断。

（3）预防性

在配送运输过程中，由于影响因素多、情况变化快，车辆调度人员应对生产中可能产生的问题有预见性，这包括两个方面：一是采取预防措施，消除影响配送运输的不良因素，如对车

辆进行定期检查与保养等；二是事先准备，制定有效的应急措施，当个别车辆发生故障或遇到其他突发事件时，应由备用车辆替补完成当日的配送运输工作。

（4）及时性

车辆调度工作的时间尤其重要，无论是工时的利用、配送环节的衔接，还是装卸效率的提高、运输时间的缩短，无不体现着时间观念。车辆调度部门发现问题要迅速，反馈信息要及时，解决问题要果断。

2. 车辆调度的作用

（1）保证运输任务按期完成。

（2）能及时了解运输计划的执行情况。

（3）促进运输及相关工作有序进行。

（4）实现最低的运力投入。

（三）车辆调度的基本方法

车辆调度的方法有多种，在具体调度过程中，管理部门可根据客户所需货物的种类、配送中心的地址及配送线路的规划进行选择。简单的运输可采用定向专车运行调度法、循环调度法、交叉调度法等。如果运输任务较重，交通网络较复杂，为合理调度车辆，保证运输任务按时完成，可应用运筹学中线性规划的方法，如最短路径法、图上作业法、经验调度法和运输定额比法等。随着物流数据分析技术的发展和派车规则的总结完善，越来越多的调度系统力求实现智能调度，即自动派车的功能，以数据收集分析及可视化展现为基础，依托智能算法或规则配置，在多个环节对调度策略进行科学指导，全面优化运力分配，提高派车效率和操作便捷性。

四、配送计划的跟踪

在配送计划执行的过程中，还需要对货物的配送情况进行记录和分析，以便详细和及时地掌握配送计划的执行情况，为将来改进配送计划提供依据。其主要包含两个方面的内容：车辆运行状况记录、财务分析。

（一）车辆运行状况记录

车辆是物流配送的主要载体工具，物流配送是通过车辆将物资在空间上进行移动，使物资能够送达消费者手中，车辆的运行状况在很大程度上影响物流配送的效率。因此，物流配送的编制需要对车辆的运行状况有足够的了解，需要记录的数据有以下几种。

（1）车辆从物流中心到各客户点及在各客户点间的行驶时间及车辆到达每一客户点的时间，以观察车辆是否按正常时间行驶，以判断此路程的配送有无阻碍，是否需要改换线路。

（2）车辆离开客户点的时间，以此考察客户点的卸货时间，判断是否需要对后续配送做出调整。

（3）车辆返回物流中心的时间，以此观察整趟配送的时间耗费，可依此编制后面调配车辆的计划。

（4）车辆从物流中心至各客户点及在各客户点间的行车里程，以考察配送顺序及路径是否合理。

（5）车辆空车返回物流中心的里程，以考察车辆空车行驶里程是否太长，评估车辆运行效益的高低。

（6）车辆行车速度，以观察车辆是否常受红绿灯影响，或是否会受交通拥堵阻挠，以评估所选择路径的顺畅程度，检讨是否应更换路径。

（7）车辆耗油量，市区开太慢容易耗油，车辆负载过重容易耗油，司机操纵不当也易耗油，因而要特别重视车辆行驶耗油量，尽量降低油耗成本。

（8）车辆引擎转速，由车辆引擎转速是否正常可看出车辆本身状况，状况不良的车辆易发生意外且易延误交货时间，可依据行车记录器的记录观察引擎转速，从而确保车辆的配送品质。

（二）财务分析

财务分析是对配送成本进行计算与分析，了解配送过程中的实际费用发生状态，从而找出有可能造成成本浪费的环节，并给予相应的节约建议与解决措施。其具体操作流程如下。

（1）列出配送成本中的各项费用

根据配送成本的构成，列出配送成本中的各项费用。配送成本是企业为实现商品在空间上的转移而发生的各种耗费的具体表现，包括订货费用、订货处理及信息费用、运输费用、包装费、搬运装卸费，进出库费用、储存费用、库存占用资金的利息、商品损耗、配货费用等。在进行财务分析时，应把这些项目进行详细的分类汇总，并列举出来。

（2）各项指标的预算费用计算

根据企业以往的配送活动所发生的成本，结合目前企业实际的配送活动进行成本分析，并计算出各项指标的预算费用。

（3）费用构成比例分析

根据计算出的各项指标的预算费用，分析各项费用在总费用中所占的比例。

（4）费用发生分析，制作分析报告

分析各环节费用的浪费与节约的可能性，汇总计算与分析结果并整理成报告，将其作为进行配送计划改进的依据。

五、配送异常情况处理

在配送过程中的接收货物、发货、运输、到货、资金结算等环节，常常会出现一些异常情况需要及时进行处理。下面我们就各环节经常出现的问题及处理办法进行介绍。

（一）接收货物环节异常及处理

（1）货物的数量不对。首先，要核对出库清单是否正确；其次，再查找搬运过程中是否丢失货物；最后，需将货物数量差错的责任落实到具体责任人，如果多货，则需将多余的货物放回原位，并在清单上注明。

（2）串货。首先，要查找串货原因，查看货位，检查出入库时是否正确；其次，对货物进行盘点，查清货位并在清单上注明防止发错货。

（3）包装质量问题。如果包装出现轻微破损，需通知出库人员并进行二次包装，再在单据上注明。对于破损严重导致货物短少的，需要立即查找原因并将责任落实到相关人员。

（4）货单不符。首先，要仔细核对单据，检查其是否是商户所发出的货物；其次，要核对配货清单是否属于录入错误，如果属于录入错误，则作废单据并重新作单。

（5）货物丢失。立即查看监控系统，寻找货物，如果确认丢失不能寻回，需要及时补货或赔偿当事人经济损失。

（二）发货环节异常及处理

（1）运单录入错误，目的地、联系电话不准确等。录入单据要仔细，录完单据后要进行二次检查核实，并实行单据录入出差率考核，推行奖惩机制。

（2）装车不合理导致空车率、货物破损率过高。首先，要对员工进行岗前培训，培养其专业技能，合理装卸货物；其次，督促员工严格按照配送单据装货，保证做到货车相符。

（3）客户出现退单或临时增加订单。针对临时增加订单情况，应与客户和商户沟通协商就增加货物的增开单据，尽最大努力让同批货物统一进行配送；针对客户退单情况，则需撤销当前单据，将多余货物入库储存。

（4）配送车辆准备不足，导致货物不能及时发出。合理安排车辆，实行配送车辆班车制度，并根据货量提前准备车辆，做好车辆的配置工作，尽量让车辆满载运行。

（三）运输环节异常及处理

（1）运输线路不合理，不按公司规定线路行驶。首先，进行司机上岗前的岗位培训，严格贯彻公司的规章制度；其次，调度人员可以对车辆进行卫星定位管理，及时与司机进行沟通，纠正其私自更改运输线路的问题。

（2）运输中车辆损坏。首先，公司要定期对车辆进行检查、保养、维修，保证车辆状况良好，减少车辆中途损坏的可能性；其次，可以实行车辆责任制，增强司机的责任心。

（3）出现运输事故，如丢货、货物破损等。发车前应仔细检查是否关好货箱车门，送货途中应尽量少停车，控制车速，选择平稳路面行驶，尽量减少途中车辆颠簸，降低货物破损率。

（四）到货环节异常及处理

（1）延迟到达。因运输途中出现事故导致货物送达延迟的，要及时与公司汇报，通知客户延迟到达解释原因并致歉，争取取得客户谅解。因不按照公司规定线路行驶导致货物送达延迟的，不定期进行运输时限的抽查，制定时效管理体系进行考核。

（2）货物丢失、破损。查找货物丢失原因、寻找货物，如果是运输环节出现丢失的，落实相关责任人；如果是人为丢失货物的，落实相关责任人并要求其承担经济损失；对于破损严重的货物，需回收并进行二次派送，落实相关责任人并要求其承担经济损失；对于破损不严重的货物，重新包装进行派送；对于不能签收的货物，与客户协商沟通，进行相应的经济补偿。

（3）数量短缺。寻找短缺的原因，核对客户的发货单和仓储中心的出库单，查看仓库的货位货物数量，对于不能找到的货物，进行补货或者赔偿客户经济损失，积极与客户协商沟通，尽量减少客户损失。

（4）服务态度不好。加强客服培训，实行客户投诉率考核、奖惩制度以及定期回访客户。

（5）货物无法正常签收。如果是因为客户联系方式不准确而找不到客户导致不能签收，要与信息部或者发货人联系确定联系方式，以确保货物被准确签收；如果不是客户本人签收货物，需提供委托签收人身份证，并进行准确签收登记；对于出现异常的货物，如包装、质量问题的，应积极与客户协商处理（退货、换货或者赔偿），尽量减少经济损失。

（五）资金结算环节异常及处理

（1）运费结算不及时。对于送货上门的货物，客户没有足够现金支付运费的情况，需配送人员提前打电话告知客户运费金额，待客户准备好现金后再送货；对于结算人员因事耽搁不能结算运费的情况，应加强监督管理结算运费人员，加强考核机制的管理。

（2）代收款结算不及时。如果客户没有足够现金支付货款，派送人员应提前告知客户代收货款金额，待客户准备好现金后再送货；对于结算人员因事耽搁不能结算货款的情况，应加强监督考核代收款人员。

（3）送货人员携款逃跑。选择诚实守信的送货人员并留取其身份证复印件等相关证件；采用 POS 机终端结算系统，避免送货人员与现金直接接触。

（4）返回代收货款不能及时发放给客户。对公司员工实行代收货款发放及时率与客户满意度调查考核，严格监督代收货款的发放。

任务三　智慧配送配载技术

一、配载的含义、影响因素及基本原则

（一）配载的含义

配载是指根据载运工具和待运物品的实际情况，确定应装运货物的品种、数量、体积及其在载运工具上的位置的活动。车辆配载应在保证货物质量与数量完好的前提下，最大程度地提高车辆的装载率和利用率，节省运力，降低配送成本。

很多时候配送面对的是小批量、多批次的送货任务，知道了客户的送货次序之后，只要将货物依照"先送后装"的顺序装车即可。但在现实生活中，配送的货物可能属于不同性质、不同种类，对装卸、受力有不同要求，如达到防震、防撞、防潮等，而且其比重、体积及包装形式各异。因此，在装车时需要进行合理安排，科学装车。既要考虑车辆的载重量，又要考虑车辆的容积，使车辆的载重量和容积都能得到有效的利用，便于装卸且不会损坏货物。此外，还

可以通过装配作业，降低送货成本，减少交通流量。

（二）配载的影响因素

1. 配载技术

随着配送对象的增加，配载的组合方案呈指数级增长，对配载系统的优化模型和计算能力都提出了很高的要求。但是，当前的配载技术还不够成熟，存在计算困难等问题。

2. 货物基础数据

货物重量、体积数据缺失或者不准确会影响配载效果。一般来说，重量数据应该是准确的，但物流行业缺少廉价、好用的体积测量仪，存在体积数据不准确的现象。

3. 配载时间

当配送中心、分拨中心采用"快进快出"的模式，配送决策时间有限，没时间操作配载。如果物流企业有时效产品的话，同时还要考虑快件优先装车。即便有配载方案，因临时变化多，现实中的执行效果往往会受到影响。

4. 订单变化

订单变化多，多次计算代价大。线路上的装载货物是动态的，随时会有新订单录入，按照某一理论配载，那么预配载清单应该随着订单的变化进行动态调整。如果是人工配载，不仅计算难度大，而且重复操作将货物搬上搬下，浪费人力物力。

（三）配载的基本原则

（1）尽可能多地装入货物，充分利用车辆的有效容积和载重量。装入货物的总体积不超过车辆的有效容积。

（2）装入货物的总量不超过车辆额定载重量。

（3）重不压轻，大不压小。轻货应放在重货上面，包装强度差的货物应放在包装强度高的货物上面；要特别注重保护附加值高的货物。

（4）货物堆放要前后、左右、上下重心平衡，以免发生翻车事件。

（5）尽量做到先送后装，即同一车中有送达目的地不同的货物时，要把先到站的货物放在易于装卸的外面和上面，后到站的货物放在里面和下面。

（6）货与货之间、货与车辆之间应留有空隙并适当填充衬垫，防止货损。

（7）货物的标签朝外，方便装卸。

（8）装卸完毕，应在门端处采取适当的稳固措施，以防开门卸货时，货物倾倒造成货损或人员伤亡。

二、提高车辆配载效率

配载是通过重货和轻泡货的合理搭配使车辆的装载体积和重量都接近货车规定的上限，使得运输收益最大化。如果要提高车辆的运输收益，提高车辆配载效率是极为重要的手段之一。

（一）人工配载

早期的配载计划，多是根据配送货物对象设置专业岗位，负责某条线路的配载计算，打印预配载清单，操作人员参照清单装车；部分配送企业则采用不配载（有货就装模式）、现场配（根据现场情况，由作业人员当场决定配载方案）等粗放式作业方法，配载主要依靠经验，配载率不可控。后来，人们逐渐利用经验法、容重法等对配载进行优化。

经验法主要基于对不同货物特性的了解，如重量、体积、形状、稳定性以及装卸顺序等因素，手动安排货物在运输车辆内的布局。而容重法则是根据货物的密度（重量与体积之比）合理安排车厢内的空间和载重量。容重法配载一般适用于货物种类较少、货物特征明显、客户要求相对简单的情况。

在实际工作中，不可能每次都得到最优的配载方案，只能先将问题简单化，节约计算时间，简化配载要求，然后逐步优化找到接近于最优方案的可行方案。这样可以加快配载装车速度，通过提高配载效率弥补可行方案与最优方案之间的成本差距，体现综合优化的思想。

（二）智能配载

借助智能化、信息化手段能够提高配载率、增加运输收益，量化配载考核、提升管理水平。因此，越来越多的企业开始利用各种人工智能算法、大数据、云计算等，开发智能化配载系统。

考虑到不同客户的具体送货要求、货物的多样性和送货车辆的限制，计算的数量极为庞大，依靠手工计算几乎不可能。用数学方法总结出数学模型后，使用开发出的智能化配载系统，将数学模型中的相关参数输入计算机，即可由系统自动生成配载方案，并进行图形化模拟。智能化配载系统往往与配送线路优化系统集成，实现了配送线路优化、车辆调度和配载的整体优化，能提升配送效率、降低配送成本。

对于集装箱而言，"算柜"就是在脑海里面构建出集装箱内部的空间，然后按照装柜顺序把货物摆放到位，最后关上柜门、上封条的一个过程。计算时，需要考虑货物堆叠层数限制、限重、体积、长宽高位置摆放以及实际装车过程的便捷性，保证货物重量不超载，体积满载，装卸方便，经济效益高，可以构建基于 AI 算法的一体化装箱决策平台，帮助用户计划、优化和管理货物的装载，节省计算装柜时间，提高运输效率和降低成本。在这个过程中，需要在人的头脑中或者利用计算机软件建立货物的三维模型，包括长、宽、高等参数，以及货物的材质、重量等属性；建立集装箱的三维模型，包括长、宽、高等参数，以及集装箱的类型、容量等属性；选择合适的装箱规则，根据货物和集装箱的特性，计算出最优的装箱方案；在人脑中或计算机软件中显示出装箱方案的三维图形，可以对装箱方案进行分析、评估、修改和优化，直到满足设计要求。

知识链接

人工智能技术在
物流领域的应用

许多公司都有计算集装箱内部空间的各种软件，如装箱大师等，可以有效解决单纯依靠手工计算导致的效率低下、容易出错、装载率较低等问题；但同时也存在费用相对较高、部署方式单一、运维成本高且不支持高需求的企业定制化服务等缺点。

任务四　配送线路优化设计

配送线路合理与否对配送速度、成本、效益影响很大，因此线路优化设计至关重要。

一、配送线路优化的原则

不管采用什么方法配送，都必须根据目标及实现该目标的限制因素来确定配送线路优化的原则。配送线路优化需要遵循以下几个原则。

（1）效益最高。

（2）成本最低。

（3）路程最短。

（4）吨公里最小。

（5）准时性最高。

（6）运力运用最合理。

（7）劳动消耗最低。

从以上几个原则来看，路程最短、吨公里最小、劳动消耗最低均直接与成本有关，准时性最高、运力运用最合理也间接与成本有联系，且由于成本的降低最终会提高效益，以成本为目标与以效益为目标事实上是相辅相成的，因此，成本控制在配送线路的选择与确定工作中具有核心地位。

二、配送线路类型及其约束条件

（一）配送线路的类型

1. 单车单点配送线路

单车单点配送线路主要指一辆车对一个客户进行配送的情况，此类问题较为简单，后续不再介绍其线路优化方法。

2. 单车多点配送线路

单车多点配送线路主要指一辆车对多个客户进行配送的情况。

3. 多车多点配送线路

多车多点配送线路主要指一个配送中心多辆车对多个客户进行配送的情况。

（二）配送线路的约束条件

无论选择哪个目标还是实现哪个目标（效益最高、成本最低等），都有一定约束条件。只有在满足约束条件的前提下才能实现相关目标。一般在选择配送线路时，有以下几个约束条件。

（1）满足所有收货人对货物品种、规格以及数量的要求。

（2）满足收货人对货物送达时间范围的要求。

（3）在允许通行的时间内进行配送，各配送线路的货物量不得超过车辆容积和载重量的限制。

（4）在已有送货运力资源允许的范围内。

三、智慧配送线路优化方法

（一）传统配送线路优化方法

1. 单车多点配送线路优化

（1）旅行售货员问题（Traveling Salesman Problem，TSP）

在实际的配送业务中，会出现一个配送中心对多个客户进行配送的情况。其基本条件是一次送货的所有客户的需求量总和不超过一辆送货车的额定载重量。送货时，由这辆车装着所有客户需要的货物沿着确定的线路一次将货物送到各个客户手中。因此，这辆车在配送中心装车后必须走遍所有客户所在地，然后再返回配送中心。同时，这辆车的司机希望在保证完成送货任务并返回供应点的前提下使自己所行驶的总路程尽可能缩短。这类配送就像一个旅行售货员从本公司所在地出发，走遍他所要去推销货物的每一个城市再返回自己的公司一样，他希望找到一条总行程最短的线路，故称之为旅行售货员问题。

（2）解决方法

旅行售货员问题的解决方法主要有最近邻点法、最近插入法、逐次改进法等，大多原理复杂，其他可以使用运筹学软件或者蓝图绘、地图无忧等软件工具，使用其中的线路规划模块，方法比较简单。

2. 多车多点配送线路优化

（1）单起点多回路最短线路

配送中心有多个客户，客户点的位置和货物需求状况已知，因客户需求总量超过了车辆额定载重量，一辆车不能装载所有客户点的货物，这就需要派多辆车完成配送作业。同时，希望配送成本最低，如配送车辆最少，所有车辆的行驶总线路里程最短。这种问题通常被称为车辆路径问题。解决这种问题常用节约里程法，它是形成人工和计算机计算单起点多回路最短线路的基础。

（2）解决方法：节约里程法

节约里程法的基本原理是几何学中三角形一边之长必定小于另外两边之和。图4-1（a）中，设P为配送中心所在地，A和B为客户所在地，三者相互间的道路运输距离分别为a、b、c。

第一种配送方案：由配送中心P向A和B单独派车送货，如图4-1（b）所示，这种情况下的车辆运行线路是P→A→P和P→B→P，车辆运行总距离是2a+2b。

第二种配送方案：用一辆车巡回向 A 和 B 送货，车辆运行线路是 P→A→B→P，如图 4-1（c）所示，车辆运行距离是：a+b+c。

第二种方案比第一种方案节约车辆运行距离：

$$S_{ij}=(2a+2b)-(a+b+c)=a+b-c$$

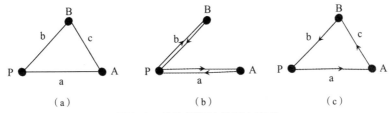

图4-1　节约里程法的基本原理

节约里程法具有以下几个优点。

① 它从不为负。因为三角形的两边之和总是大于第三边。

② 将客户连接起来，增加了节约。

③ 客户之间的距离越近，距离配送中心就越远，那么节约就会越大。

④ 这个方法也可以用时间代替距离计算。

利用节约里程法确定配送线路使总车辆运输的吨公里数最小，还需满足以下几个条件。

① 方案能满足所有客户的到货时间要求。

② 不使任何一辆车超载。

③ 每辆车每天的总运行时间或行驶里程满足规定的要求。

在实际情况下，如果给数个客户配送，应首先计算配送中心与每个客户之间的最短距离及任意两个客户之间的最短距离，然后计算各客户之间可节约运行距离（S_{ij}），在车辆载重量允许的条件下，按照节约运行距离（S_{ij}）的大小依次把客户连接到已有的巡回线路上，直到车辆满载为止，余下的客户再另外派车，即使用同样的方法选择巡回线路送货。

小思考

既然三角形的两边之和总是大于第三边，但是为什么用节约里程法计算出的节约里程，有时候会为 0？

例如，某配送中心 P 欲向 A_1、A_2、…A_8 共八家客户配送货物，配送中心和八家客户之间的运输距离以及八家客户需要送货的数量 A_1、A_2、…A_8 由图 4-2 给出（a_j 列表示送货数量：吨；其他数据表示两地的运输距离：公里）。已知配送中心有额定载重为 4 吨的卡车 5 辆、额定载重为 6 吨的卡车 3 辆，考虑到达客户后的装卸交付时间、送货路上时间、员工上下班时间等因素，每条线路送货总里程不能超过 35 公里。请使用节约里程法设计最佳配送线路。

a_j	P							
1.4	5	A_1						
0.8	4	8	A_2					
1.5	6	11	9	A_3				
3.5	15	15	11	14	A_4			
6.5	10	15	14	8	22	A_5		
4.8	12	17	16	12	27	4	A_6	
2.3	7	8	11	13	22	13	9	A_7
2.6	15	18	19	13	27	5	3	12	A_8

图4-2 配送中心到各客户以及客户之间的运输距离

第一步：客户 A_5 的送货数量为 6.5 吨，所以安排一辆载重为 6 吨的卡车直接送 6 吨货，余下的 0.5 吨货物另外配车；客户 A_6 的送货量为 4.8 吨，所以安排一辆载重为 4 吨的卡车直接送 4 吨货，余下的 0.8 吨货物另外配车。

第二步：根据图 4-2，计算所有两个客户之间的节约里程，如图 4-3 所示。

a_j							
1.4	A_1						
0.8	1	A_2					
1.5	0	1	A_3				
3.5	5	8	7	A_4			
0.5	0	0	8	3	A_5		
0.8	0	0	6	0	18	A_6	
2.3	4	0	0	0	4	10	A_7
2.6	2	0	8	3	20	24	10	A_8

图4-3 客户与客户之间的节约里程

第三步：按从大到小的次序把各客户之间的节约里程重新排列，如表 4-1 所示。

表4-1 客户与客户之间的节约里程排序表

序号	连接点	节约里程/公里	序号	连接点	节约里程/公里
1	A_6-A_8	24	7	A_3-A_6	6
2	A_5-A_8	20	8	A_1-A_4	5
3	A_5-A_6	18	9	A_1-A_7	4
4	A_6-A_7	10		A_5-A_7	4
	A_7-A_8	10	10	A_4-A_5	3
5	A_2-A_4	8		A_4-A_8	3
	A_3-A_5	8	11	A_1-A_8	2
	A_3-A_8	8	12	A_1-A_2	1
6	A_3-A_4	7		A_2-A_3	1

第四步：按照客户与客户之间的节约里程排序组成配送巡回线路图。

① 初始解：从配送中心 P 向八家客户各派一辆 3 吨卡车直接送货，并空车返回配送中心。这样，共有 8 条配送线路，总运行里程为 S_1=148（公里）。

各客户对应顶点旁的数字表示该客户需要的送货量，如图 4-4 所示。

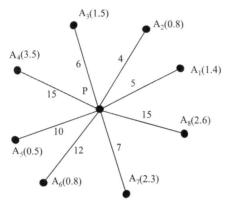

图4-4 配送初始方案

② 二次解：按表 4-1 中节约里程大小顺序，连接 A_6-A_8 和 A_5-A_8，组成配送线路 I：$PA_6A_8A_5P$（运行距离为 30 公里），并得二次解。共有 6 条配送线路，其中配送回路 I 应派出 4 吨卡车送货，共运送 3.9 吨货物；其他 5 条线路应各派一辆卡车给其他五家客户送货。二次解的 6 条配送线路的总运行距离为 S_2=S_1-24-20=104（公里），如图 4-5 所示。（因为客户 A_5、A_6、A_8 在配送线路 I 上，所以调整了 A_5、A_6、A_7、A_8 的位置，这些调整只是为了展示配送路线，并不反映客户的实际位置变化。）

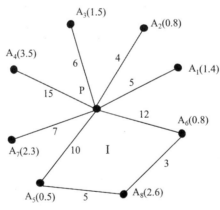

图4-5 配送方案二次解

由于客户 A_5、A_6 和 A_8 的货在配送回路 I 中已经送达，故在表 4-1 中删去含有 A_5、A_6 和 A_8 的各项，得到表 4-2。

表4-2 节约里程排序表

序号	连接点	节约里程/公里	序号	连接点	节约里程/公里
5	A_2-A_4	8	9	A_1-A_7	4
6	A_3-A_4	7	12	A_1-A_2	1
8	A_1-A_4	5		A_2-A_3	1

③ 三次解：按表4-2中节约里程大小顺序，连接 A_2-A_4 和 A_3-A_4，组成配送线路 Ⅱ：$PA_2A_4A_3P$（运行距离为35公里），并得三次解。共有4条配送线路，其中配送回路 Ⅱ 应派出6吨卡车送货，共运送5.8吨货物；配送回路 Ⅰ 应派出4吨卡车送货，共运送3.9吨货物，其他2条线路应各派一辆4吨卡车给客户 A_1 和 A_7 直接送货。三次解的4条配送线路的总运行距离为 $S_3=S_2-8-7=89$（公里），如图4-6所示。

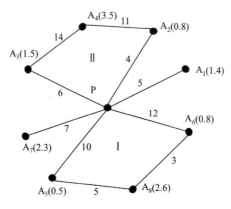

图4-6　配送方案三次解

由于客户 A_2、A_3 和 A_4 的货物在配送回路 Ⅱ 中已经送达，故在表4-2中删去含有 A_2、A_3 和 A_4 的各项，得到表4-3。

表4-3　节约里程排序表

序号	连接点	节约里程/公里
9	A_1-A_7	4

④ 四次解：按表4-3，只有 A_1-A_7 一项，故连接 A_1-A_7 组成配送线路 Ⅲ：PA_1A_7P（运行距离为20公里），并得四次解。共有3条配送线路，其中配送回路 Ⅲ 应派出4吨卡车送货，共运送3.7吨货物；配送回路 Ⅱ 应派出6吨卡车送货，共运送5.8吨货物；配送回路 Ⅰ 应派出4吨卡车送货，共运送3.9吨货物，四次解的配送线路的总运行距离为 $S_4=S_3-4=85$（公里），如图4-7所示。

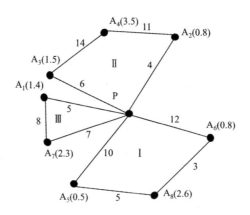

图4-7　最终配送方案

这样，最后得到运输网络的最佳配送方案如下。

客户 A_5，单独派一辆 6 吨卡车送货 6 吨，运行距离 20 公里。

客户 A_6，单独派一辆 4 吨卡车送货 4 吨，运行距离 24 公里。

沿配送回路 I 派一辆 4 吨卡车分别送货 3.9 吨，运行距离 30 公里。

沿配送回路 II 派一辆 6 吨卡车送货 5.8 吨，运行距离 35 公里。

沿配送回路 III 派一辆 4 吨卡车送货 3.7 吨，运行距离 20 公里。

本方案共派 4 吨卡车 3 辆，6 吨卡车 2 辆，共运行距离 129 公里。

（二）智能配送线路优化方法

1. 基于遗传算法的配送线路优化方法

随着配送业务飞速发展，配送线路优化问题日趋复杂，为了解决配送过程中的一系列问题（包括高成本、配送延迟、空驶率高等），考虑配送车辆容量、配送里程和时间窗等约束条件，通过将商家和客户的满意度转化为惩罚函数，以最小化总配送成本为目标构建基于遗传算法的配送线路优化模型。

遗传算法（Genetic Algorithm，GA）是一种全局优化的随机搜索算法，是从大自然的杰作（生物进化与发展）中得到灵感与启迪的。算法基于达尔文（Darwin）的进化论和孟德尔（Mendel）的遗传学说，为解决复杂优化问题提供了一种有效工具。

（1）基本原理

遗传算法是基于"适者生存"规律的一种高度并行、随机和自适应的优化算法，它将问题的求解表示成染色体的适者生存过程，把搜索空间（欲求解问题的解空间）映射为遗传空间，针对不同的问题为每一个可能的结构构造相应的"基因码"（类似于染色体），然后通过选择、交叉和变异实现解的寻优过程的一种方法。

遗传算法的突出特点是它可以通过交叉和变异这一对相互配合又相互竞争的操作使其搜索能力得到飞跃提高，具有以下特点。

① 遗传算法是一个大规模、并行处理的最优化方法，具有收敛速度快、搜索效率高等特点。由于它是通过在整个变量空间内的搜索，所以可以在更高层次上求得全局最优解。

② 利用概率原则进行优化。个体之间的交叉以及个体自身的繁殖和变异等都存在随机性，因此遗传算法可以克服传统优化方法确定性较强的缺点，进而对外加干扰具有更强的鲁棒性。

③ 计算得出的。根据适应度对各个个体进行选择、交叉等遗传操作，剔除适应度低的染色体，留下适应度高的染色体，从而得到新的群体。由于新群体的成员是上一代群体的优秀者，继承了上一代的优势，因而明显优于上一代。遗传算法就这样反复迭代，向着最优解的方向演化，经过若干代之后，算法收敛于最好的染色体，它很可能就是问题的最优解或次优解。所以，遗传算法是一种随机优化算法，但不是简单随机比较搜索，而是通过对染色体的评价和对染色体中基因的评价，有效地利用已有信息指导搜索。其基本原理如图 4-8 所示。

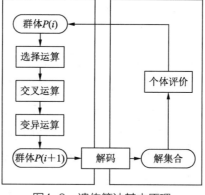

图4-8　遗传算法基本原理

（2）算法步骤

用遗传算法求解问题时，首先对问题的解进行编码，构成"染色体"，不同的染色体构成不同的种群。每个染色体称为种群的个体，每个个体根据适应函数均有一个适应值，然后通过选择、交叉和变异三个操作构成新一代更好的种群，这样不断进化，直到求出问题的最优解。遗传算法的基本流程如图4-9所示。

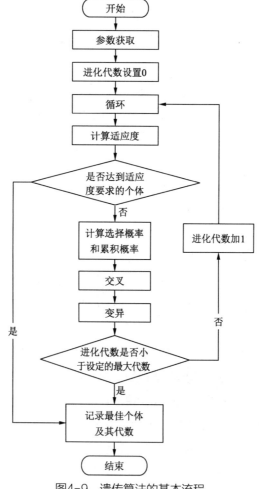

图4-9　遗传算法的基本流程

遗传算法运行时，首先需要进行程序的初始化，初始化的工作包括获取算法参数，计算染色体字节长度，分配数据空间，初始化随机数发生器以及产生初始种群，并输出初始化统计信息等，然后进行进化计算。其流程关键点如下。

初始化。设置进化代数计数器 $t \to 0$；设置最大进化代数 T；按照相应的编码方案随机生成 n 个个体作为初始群体 $p(0)$。

个体评价。按照事先设计好的适应度函数，计算群体 $p(t)$ 中各个个体的适应度。

选择运算。将选择算子作用于群体。

交叉运算。将交叉算子作用于群体。

变异运算。将变异算子作用于群体。群体 $p(t)$ 经过选择、交叉、变异运算之后得到下一代群体 $p(t+1)$。

终止条件运算。若 $t \leqslant T$，则 $t \to t+1$ 转到步骤二；若 $t > T$，则以进化过程中所得到的具有最大适应度的个体作为最优解输出，终止计算。

在以上流程关键点中，如何确定遗传算法的编码、选择、交叉和变异运算是整个算法的关键所在，直接关系到优化的效率和结果。

2. 基于粒子群优化算法的配送线路优化方法

粒子群优化（Particle Swarm Optimization，PSO）算法是一种基于群智能方法的演化计算技术。粒子群优化算法最早是由两名美国的科学家基于鸟群觅食，寻找最佳觅食区域的过程而提出来的，经过不断演化改进，最终形成粒子群算法。PSO 算法模拟的就是最佳决策的过程，鸟群觅食类似于人类的决策过程。与遗传算法类似，PSO 算法是一种基于群体的优化工具。系统初始化为一组随机解，通过迭代搜寻最优值。其没有遗传算法的交叉以及变异操作，而是粒子（潜在的解）在解空间追随最优的粒子进行搜索。与遗传算法比较，PSO 算法的优势在于简单、易实现，同时又有深刻的智能背景，既适合科学研究，又适合工程应用。目前，PSO 算法已在函数优化、神经网络训练、模式分类、模糊控制等领域得到广泛的应用。

（1）生物群体行为模型

PSO 算法源于人工生命的研究，特别是对鸟群、鱼群等群体行为机制的模仿，并借鉴生物学家 Hepperner 提出的生物群体模型，同时融入进化计算的思想。

生物群体中的社会行为一直受到研究者的关注。研究者尝试对生物群体（如鸟群、鱼群）的社会行为进行建模，并在计算机中进行仿真。雷诺兹（Reynolds）提出 BOIDS 鸟群模型。在这个模型中，设定鸟群的行为遵循以下规则：①避免碰撞，即个体应避免与附近的同伴发生碰撞；②速度的匹配，即个体必须同附近个体的速度保持一致；③向中心聚集，即个体必须飞向邻域的中心。BOIDS 模型较为成功地展示了真实鸟群的飞行行为，并被成功应用到图形学、虚拟现实等多个学科领域。

Hepperner 提出的生物群体模型在模拟鸟群群体行为时，个体的运动基于如下规则：①向重要位置聚集，个体需飞向重要位置（重要位置定义为食物源或栖息地）；②速度的调控，个体运动时应避免碰撞，必须适当调整自身的速度，同时个体的速度也会因物理因素（如阵风的影响）而相应改变；③信息共享，在一定距离范围内的群体之间可以共享某些信息（如障碍物或掠食者的位置）；④随机因素的影响，引入随机因素是为了模拟自然环境中的一些因素对鸟群飞行的影响，随机因素包括强风、地面上的移动物体以及在鸟群飞行路径上的掠食者，这些随机因素都会对鸟群的飞行行为产生扰动。Hepperner 的生物群体模型在计算机仿真中较好地展现了鸟群的同步飞行。

Reynolds 和 Hepperner 的两种鸟类模型都使用了一些较为基本的规则（如个体之间的吸引和排斥）来指导个体在空间中的运动，并没有对群体进行集中的控制。肯尼迪（Kennedy）和埃伯哈特（Eberhart）借鉴这些生物群体行为模型中的一些思想，进一步提出 PSO 算法。

（2）基本原理

粒子群优化算法主要解决优化问题，通过生成一群随机的粒子，并通过多次迭代从而找到最优解。每个寻优问题的解被称为粒子，每个粒子在搜索空间中单独搜寻最优解、最佳适应值，并将个体最佳适应值与整个粒子群里的其他粒子共享，找到当前全局最优解，如图 4-10 所示。粒子群算法流程主要分为初始化粒子群、计算适应度、追求个体最佳适应值、寻找全局最优解和更新粒子的速度和位置。

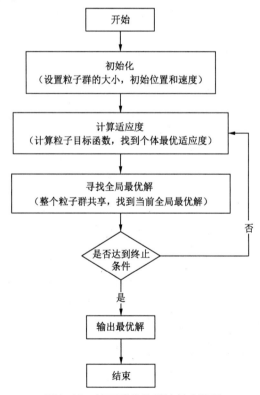

图4-10　粒子群优化算法基本流程

3．基于蚁群算法的配送线路优化方法

蚁群算法（Ant Colony Algorithm，ACA）是最近几年提出的一种新型的模拟进化算法。它是 20 世纪 90 年代由意大利学者 Marco Dorigo 等人受到人们对自然界中真实蚁群集体行为的研究成果的启发而提出的，是一种基于种群的模拟进化算法，属于随机搜索算法。

（1）算法概述

数以百万计的蚂蚁如何组成一个群落？单只蚂蚁的能力和智力很简单，无论工蚁还是蚁后都没有足够的能力完成觅食、迁徙等复杂行为。那么，它们是如何相互协调、分工、合作来完成这些任务的呢？像蚁巢这样复杂结构的信息又是如何存储在这群蚂蚁中的呢？

研究发现，蚁群觅食时有一种通信机制：蚁群派出一些蚂蚁在巢穴周围侦察可以获取的食物源，一旦有一只蚂蚁发现食物，它会返回蚁巢通知蚁群，并在返回途中释放一些信息，以便带领蚁群找到已发现的食物。如果有多只蚂蚁同时发现同一食物且回到蚁巢报信，蚁群会沿报信蚂蚁所走的最近的路径前进，这是因为报信蚂蚁所走的最近的路径留下的信息量最多，蚁群能轻易识别。

Marco Dorigo 等人就是利用了蚁群搜索食物的过程与著名的旅行售货员问题之间的相似性，吸取了昆虫王国中蚂蚁的行为特性，通过人工模拟蚂蚁搜索食物的过程（即通过个体之间的信息交流与相互协作最终找到从蚁穴到食物源的最短路径）来求解 TSP。为了区别于真实蚂蚁群体系统，这种算法称为蚁群算法。用该方法求解 TSP、分配问题、调度问题，取得了较好的试验结果。

（2）寻优原理

在自然界真实的蚁群觅食过程中，蚁群在没有视觉的情况下通过个体之间交换信息素（Pheromone），能够在较短的时间内找到食物源和蚁穴之间的最短路径。生物学家的研究已经表明，一只蚂蚁的记忆和智商是非常有限的，但是，由于蚂蚁之间可以通过一些信息素进行协同作用，实现蚂蚁之间的信息交流和传递，由此可以共同做出令人惊讶的行为。

为了阐述蚁群算法的机理，下面以蚂蚁搜索食物的过程为例，分析蚂蚁是如何通过上述的信息交流和传递的协同作用，最终找到从蚁穴到食物源的最短路径的。图 4-11 中，A 为蚁穴，E 为食物源，从 A 到 E 有两条路径可走，ABE 是长路径，ACE 是短路径。蚂蚁走过一条线路以后，在其路径上会留下信息素气味，后来的蚂蚁就是根据留在各路径上的这种气味的强度选择应该移动的方向。图 4-11（a）表示起始时的情况，假定蚁穴中有 4 只蚂蚁，分别用 1、2、3、4 表示。开始时，蚁穴中蚂蚁 1、2 向食物源 E 移动，由于线路 ABE 和 ACE 均没有蚂蚁通过，在这两条线路上都没有原始的信息素气味，因此蚂蚁 1 和蚂蚁 2 选择这两条线路的机会均等。假设蚂蚁 1 选择 ABE 线路，蚂蚁 2 选择 ACE 线路，并且假定各个蚂蚁行走的速度相同，当蚂蚁 2 到达食物源 E 时，蚂蚁 1 还在途中，如图 4-11（b）所示。蚂蚁 2 到达食物源以后就返回，这时从 B 点返回也有两条线路可选择，而哪一条线路上的信息素气味重，就选择哪一条。因为蚂蚁 1 还在途中，没有到达终点，此时在 EBA 线路上靠近 B 端处，蚂蚁 1 还没有留下信息素气味，所以蚂蚁 2 返回蚁穴的路径只有一个选择，那就是原路返回。当蚂蚁 2 返回 A 端时，蚂蚁 3 开始出发，蚂蚁 3 的线路选择将必定是 ACE，这时 ACE 线路上信息素的气味比 ABE 线路上信息素的气味重（ACE 路径上已有蚂蚁两次通过），如图 4-11（c）所示。当蚂蚁 1 到达食物源 E 点时，由于同样的理由，蚂蚁 1 所选择的返回线路必将是 ECA，如图 4-11（d）所示。如此下去，由大量蚂蚁组成蚁群的集体行为便表现出一种信息正反馈现象：沿路径 ACE 移动的蚂蚁越多，则后来者选择该线路的概率就越大，这正是蚁穴到食物源的最短路径。蚂蚁个体之间就是通过这种信息的交流达到最佳食物搜索的目的的。

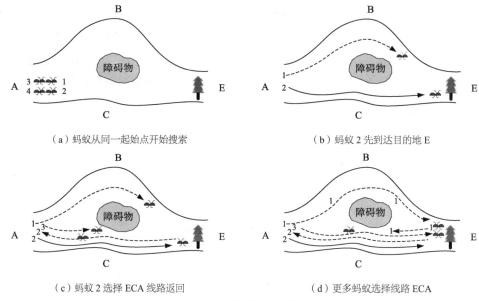

（a）蚂蚁从同一起始点开始搜索 （b）蚂蚁 2 先到达目的地 E

（c）蚂蚁 2 选择 ECA 线路返回 （d）更多蚂蚁选择线路 ECA

图4-11　生物蚁群搜索线路

不难看出，在蚂蚁寻找食物的过程中，总能找到一条从蚁穴到距离很远的食物之间的最短路径。蚁群的这种寻找路径的过程表现为正反馈的过程，与人工蚁群的寻优算法极为一致。如果将在优化求解中那些只具备简单功能的单元看作"蚂蚁"，那么上述寻找路径的过程可被用于解释人工蚂蚁的寻优过程。

由以上分析可知，人工蚁群和自然界蚁群的相似之处在于：两者优先选择的都是含"信息素"浓度较大的路径。人工蚁群和自然界蚁群的区别体现在以下方面。

① 人工蚂蚁具有记忆或智能功能，它能够记忆已经访问过的节点。

② 人工蚂蚁具有一定的视觉，人工蚁群在选择下一条路径时，并不是完全盲目的，而是按一定的算法规律有意识地寻找最短路径。

③ 人工蚂蚁的生活环境是时域离散的。

从蚁群算法的原理不难看出，蚁群优化的本质在于：选择机制，信息素越多的路径，被选择的概率越大；更新机制，路径上面的信息素会随蚂蚁的经过而增长，同时也随时间的推移逐渐消失；协调机制，蚂蚁之间实际上是通过信息素相互通信、协同工作的。

知识链接

人工神经网络

 **同步训练**

1. 在配送线路的选择与确定工作中，哪项工作占有核心地位？
2. 送货作业管理的核心内容是什么？
3. 如果配载的货物比较多，可以选择哪两种货物优先配载？
4. 车辆调度应遵循哪些原则？
5. 配送运输有哪些基本方式？
6. 简述配送线路优化的约束条件。
7. 简述车辆配载的影响因素。
8. 简述车辆配载的原则。

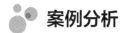 **案例分析**

案例一　三维装箱问题的配载约束分析

经典的三维装箱问题是指将小的三维长方体物件（货物）装载到大的三维长方体容器（卡车或者集装箱）中，在满足各种约束条件的情况下，确定容器中每个货物的装载状态和装载位置，目标是使容器的空间利用率最大（或者使用的容器的数目最少）。需要考虑三类三维装箱问题的约束条件，即基本约束、一般性约束和现实约束（共24个约束）。

1. **基本约束**

基本约束是研究三维装箱问题的基础限制，大多数三维装箱问题研究都会考虑以下约束条件。

（1）正交装载约束，即箱子的棱只能平行（垂直）于容器边界。

（2）货物只能放在容器内。

（3）不同的货物不能在任何维度上有重合，一个货物只能装入一个容器内。

（4）装载容器及待装货物均为长方体。

2. **一般性约束**

一般性约束为三维装箱问题的常见约束，需要考虑以下三类约束。

（1）方向性约束：物品摆放时支持6种摆放方向的选择，分别是正常朝向、水平旋转、侧放、侧方旋转、向后躺放和躺放旋转。

（2）稳定性约束：即一个物品的下表面的支撑面占整个下表面积的比例不能小于某个给定的阈值，如80%。

（3）完全切割约束：要求最终的装载方案能够被多个垂直或水平平面切割成独立的装载块。

3. **现实约束**

现实约束是指在实际生产运作中存在的装箱约束，需要考虑以下约束条件。

（1）载重约束：车辆装载货物总重量不能超过车辆容器的有效载重。

（2）重心约束：装入货物重量尽量分布均匀，将容器重心限制在一定范围内，与容器的几何中心重叠或在几何中心附近。

（3）物品支撑重量约束：直接或间接压在一个物品上表面的所有物品的重量不能超过给定阈值。物品 A 间接压到物品 B 是指存在至少一个物品 C 被物品 A 压到，并且 C 也间接压到 B。

（4）紧密性约束：部分货物（如家具）是成套运输的，如果一套货物中的某个货物被装入，其他相关货物也必须全部装入；如果一个货物未装入，相关货物均不能装入。

（5）装载优先级约束：考虑到重要性或装卸方便等因素，货物装入容器具备先后顺序。

（6）堆叠约束：假如两个物品的长宽之差的绝对值小于某个阈值，这两个物品被认为属于同种类型的物品。假如两个物品是同种类型，那么堆叠的层数不能超过给定的限值，并且上面物品的重量不能超过下面物品的重量乘以一个给定的系数。假如物品属于不同类型，则直接或间接压在一个物品上表面的所有物品的重量不能超过给定阈值。

（7）待装物品形状约束：待装物品不仅可以为立方体，也可以为圆柱体。圆柱体立放执行田字型、品字型堆码规则。

（8）一般装车工艺规则约束：带托货的货物（金属箱、木箱、木托）和运输容器的宽度之间的间隙禁止用纸箱散件填充。

（9）堆码间隙约束：要考虑箱子和箱子前后左右间的装载间隙。

（10）托盘约束：输入中指明需要托盘集结的散货，选择合适的托盘进行集结（即某些货物先装托盘，然后再装柜）；集结托盘不能堆码在下层，即默认其上面不能堆码其他货物。

（11）物品禁止错位堆码约束：底面高于某个阈值的物品，必须由一个物品的上表面支撑，而不能够由多个物品组成的平面支撑物品。

（12）摆放高度约束：物品的摆放位置不能超过某个给定的高度。

（13）不同提货点物品堆叠约束：两个不同提货点的物品上下发生堆叠，上面的物品靠近车头的边距离下面物品靠近车门的边不能超过给定的阈值。

（14）单独摆放约束：某些物品上表面不能堆叠任何其他物品。

（15）物品叠放约束：硬质的物品不能堆叠在软质的物品上。

（16）承重级别约束：定义物品的承重级别，承重级别高（数值小）的物品不能放到承重级别低的物品上。

（17）后进先出约束：假如两个提货点排放的物品宽度小于某个阈值，那么这两个提货点的物品在车门方向的距离差距不能大于某个阈值，先卸载的货物摆放在离车门近的位置，做到后进先出。这个约束主要是考虑叉车装卸不同提货点物品时装卸的可行性。

案例二　基于蚁群算法的旅行售货员问题优化模型

以求解 n 个城市的旅行售货员问题（TSP）为例，说明蚁群算法模型。

旅行售货员问题是指一个商人欲到 n 个城市推销商品，希望选择一条路径，当商人依次经过每个城市一遍后又回到起点时所走的路径最短。TSP 是一个典型的易于描述却难以大规模处理的 NP-难（NP-hard）问题。有效地解决 TSP 问题具有重要的理论意义和应用价值，它已成为验证组合优化算法有效性的一个间接标准。

对称性的 TSP 问题的数学描述如下。

设有 n 个城市的集合 $C = \{c_1, c_2, \cdots, c_n\}$，城市 $c_i, c_j \in C$；从 c_i 到 c_j 的距离记为 d_{ij}，$d_{ij} \in \mathbf{R}^+$，$d_{ij} = d_{ji}$，此类 TSP 的解，就是在集合 C 中找到一个不重复的全排列 $c_{i1}, c_{i2}, \cdots, c_{in}$ 或行程 $c_{i1} \rightarrow c_{i2} \rightarrow \cdots \rightarrow c_{in}$，使其路径 $L = \sum\limits_{i=1}^{n} d_{i,i+1}$ 最短。

给定一个有 n 个城市的 TSP，蚁群中蚂蚁的数量为 m，以此建立蚁群算法的模型。

首先，引入如下记号：

$\tau_{ij}(t)$ 为 t 时刻在 $c_i c_j$ 连线上残留的信息量；$\eta_{ij}(t)$ 为边弧 (i, j) 的能见度（或理解为由城市 c_i 转移到城市 c_j 的启发信息，由需解决的问题给出），一般取 $\eta_{ij} = \dfrac{1}{d_{ij}}$，$\alpha$ 为残留信息的相对重要程度（$\alpha \geqslant 0$），β 为能见度的相对重要程度（$\beta \geqslant 0$）；$p_{ij}^k(t)$ 表示在 t 时刻蚂蚁 k 由城市 c_i 转移到城市 c_j 的概率。

其次，假定每个蚂蚁的行为符合下列规律。

①根据路径上的信息素浓度，以相应的概率选取下一路径；②不再重复选取已走过的循环路径为下一路径，这可用数据结构来控制；③当完成了一次循环后，根据整个路径长度释放相应浓度的信息素，并更新走过路径上的信息素浓度。

同时，需要注意以下方面。

①在蚂蚁开始搜索的初始时刻，各条路径上分布的信息量相等，即 $\tau_{ij}(0) = A$（A 为常数）；②蚂蚁在运动过程中，根据各条路径上的信息量决定转移方向；③t 时刻位于某一城市 c_i 的蚂蚁 k（$k = 1, 2, \cdots, m$）一次只能选择所有城市中的一个目标城市 c_j，n 次后回到起点，完成一次循环。那么，t 时刻位于城市 c_i 的蚂蚁 k 选择城市 c_j 为目标城市的概率为：

$$p_{ij}^k(t) = \begin{cases} \dfrac{[\tau_{ij}(t)]^\alpha [\eta_{ij}(t)]^\beta}{\sum\limits_{s \in allowed_k} [\tau_{is}(t)]^\alpha [\eta_{is}(t)]^\beta} & j \in allowed_k \\ 0 & \text{其他} \end{cases} \qquad （式1）$$

式中：集合 $allowed_k = \{0, 1, \cdots, n-1\} - tabu_k$ 为蚂蚁 k 下一步允许选择的城市。与真实蚁群系统不同，人工蚁群系统具有一定的记忆功能，这里用集合 $tabu_k$（$k = 1, 2, \cdots, m$）记录蚂蚁 k 目前已经走过的城市。随着时间的推移，以前留下的信息渐渐消失，经过 n 个时刻，蚂蚁完成一次循环，各路径上的信息量根据下式作如下调整：

$$\tau_{ij}(t+n) = \rho \times \tau_{ij}(t) + \Delta\tau_{ij}, \quad 0 \leqslant \rho < 1 \qquad （式2）$$

$$\Delta\tau_{ij} = \sum_{k=1}^{m} \Delta\tau_{ij}^k \qquad （式3）$$

式中：$\Delta\tau_{ij}^k$ 为第 k 只蚂蚁在本次循环中留在路径 ij 上的信息量；$\Delta\tau_{ij}$ 为在本次循环中路径 ij 上的信息量增量；ρ 为残留信息的持久程度；$1 - \rho$ 为信息的挥发程度。

$$\Delta\tau_{ij}^k = \begin{cases} \dfrac{Q}{L_k} \\ 0 \end{cases} \qquad （式4）$$

式中：Q 为常数，L_k 为第 k 只蚂蚁在本次循环中所走路径的长度；初始时刻，$\tau_{ij}(0) = A$，$\Delta\tau_{ij} = 0$，$i, j = 0, 1, \cdots, n-1$。

式 2～式 4 是 Marco Dorigo 提出的三种模式中的一种，称为蚁群圈算法（Ant Cycle System），另两种模式分别为蚁群数量算法（Ant Quantity System）和蚁群密度算法（Ant Density System）。三种模式的差别在于式 4 的不同。

在蚁群数量算法模型中，有

$$\Delta\tau_{ij}^{k} = \begin{cases} \dfrac{Q}{d_{ij}} & \text{第 } k \text{ 只蚂蚁在时刻 } t \text{ 和 } t+1 \text{ 之间经过路径 } ij \text{ 时} \\ 0 & \text{其他} \end{cases}$$

在蚁群密度算法模型中，有

$$\Delta\tau_{ij}^{k} = \begin{cases} Q & \text{第 } k \text{ 只蚂蚁在时刻 } t \text{ 和 } t+1 \text{ 之间经过路径 } ij \text{ 时} \\ 0 & \text{其他} \end{cases}$$

这三个模型的区别在于蚁群数量算法模型和蚁群密度算法模型利用的是局部信息，而蚁群圈算法利用的是整体信息。蚁群圈算法在求解 TSP 时性能较好，通常采用它作为基本模型。

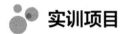 实训项目

一、实训目标

根据配送距离设计配送方案，掌握配送方案设计的要点和技巧。

二、实训内容

某配送中心 P 将于每周一向明家（A）、明兰（B）、明月（C）、明星（D）、明龙（E）、明乐（F）、明程（G）、明福（H）、明凯（I）、明翔（J）十家公司配送货物。图 4-12 中连线上的数字表示公路里程（公里），靠近各公司括号内的数字表示各公司对货物的需求量（吨）。配送中心备有载重 2 吨和 4 吨的汽车可供使用，且配送车辆一次巡回里程不超过 40 公里。配送的时间均符合客户要求。

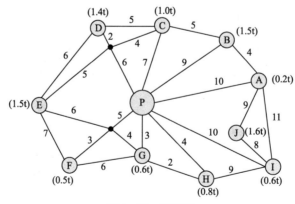

图4-12　线路图

三、实训要求

1. 请给出节约里程表，并依据节约里程进行排序。

2. 用节约里程法制定最优的配送方案。

参考思路如下。

基于线路图所得的两点间最短距离如图 4-13 所示。

	P	A	B	C	D	E	F	G	H	I	J
A	10										
B	9	4									
C	7	9	5								
D	8	14	10	5							
E	11	18	14	9	6						
F	8	18	17	15	13	7					
G	3	13	12	10	11	10	6				
H	4	14	13	11	12	12	8	2			
I	10	11	15	17	18	21	17	11	9		
J	18	9	13	18	23	27	25	19	17	8	

图4-13 基于线路图所得的两点间最短距离

通过使用节约里程法并进行多次优化，得到最优配送方案，即 Ⅰ、Ⅱ、Ⅲ 共 3 条配送线路，如图 4-14 所示。

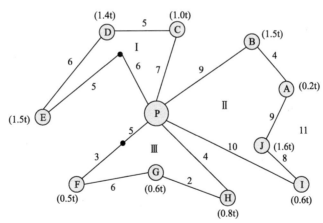

图4-14 最优配送方案

四、实训报告

总结实训过程，撰写详尽的实训报告。

项目五

流通加工

◎ **知识目标**

1. 理解流通加工的概念;

2. 掌握流通加工的类型;

3. 掌握流通加工设备类别、流通加工合理化、流通加工的技术经济指标;

4. 掌握包装的含义、功能、种类;

5. 掌握包装标准化、合理化;

6. 掌握包装材料的性能和特点;

7. 了解智能包装的定义、分类及其应用。

◎ **技能目标**

1. 能辨析各类包装标志;

2. 能辨别不同包装材质的特性;

3. 能应用物流包装防护技术进行抗震、防破损包装。

◎ **素质目标**

培育并践行物流从业人员的效率意识、严谨细致、精益求精、吃苦耐劳的职业精神;培养并践行物流从业人员的成本意识。

知识框架

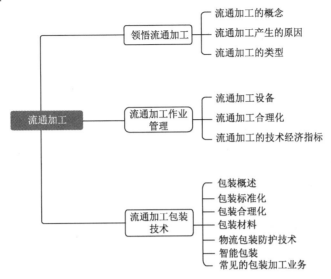

案例导入

改革开放以来，城乡居民生活水平显著提高，人们对吃的需求越来越高。日日鲜蔬菜配送中心敏锐地观察到市场潜在需求，开展净菜加工配送。净菜加工具有以下优点。①干净卫生。经过摘老叶、清洗、分切、配菜等初步加工，只留下新鲜卫生的部分，包装后可确保运输过程中不会被污染。②配菜齐全。半成品净菜已经烹饪所需要的蔬菜种类、花式、比例，顾客不需要再加工、配制。③营养健康。精准控制分量，每一份加工好的净菜，在包装上均标注了热量、重量、营养成分。④快捷省时。蔬菜经过初步加工，可直接烹饪。⑤可信度高。日日鲜蔬菜配送中心有专门的设备、人员、场所进行生产，在质量检测、农残检测、产品回溯、卫生检测等方面能更好地管理和防控，可确保半成品净菜安全、新鲜、快捷、营养、美味。

思考：

1. 净菜加工产生的原因是什么？

2. 净菜加工的作业流程是什么？

3. 加工好的半成品净菜采用什么包装较为适宜？

4. 半成品净菜加工未来市场如何？

任务一 领悟流通加工

一、流通加工的概念

流通加工是物流系统和配送中心运作中的重要环节之一。简单来说，流通加工是在流通过程中辅助性的加工活动。《中华人民共和国国家标准物流术语》（GB/T 18354—2021）对流通加工的定义是："根据顾客的需要，在流通过程中对产品实施的简单加工作业活动的总称。（注：

简单加工作业活动包括包装、分割、计量、分拣、刷标志、拴标签、组装、组配等。）"

流通与加工本属于不同范畴。加工是改变物质的形状和性质，形成一定产品的活动；而流通则是改变物质的空间与时间状态。流通加工是为了弥补生产过程中加工不足、更大程度地满足用户或本企业的需要、使产需双方更好地衔接，将这些加工活动放在物流过程中完成，从而成为物流的一个组成部分。流通加工是生产加工在流通领域中的延伸，也可以看成流通领域为了更好地服务产需双方，在职能方面的扩大。

流通加工与生产加工相比，都是改变物质形态和性质的加工，在加工方法、加工组织、生产管理等方面并无显著区别。但是，流通加工与生产加工在以下几个方面存在不同。

（1）流通加工的对象是进入流通过程的商品，具有商品的属性。生产加工的对象不是最终产品，而是原材料、零配件、半成品等。

（2）流通加工大多是简单加工，而不是复杂加工。一般来讲，如果必须进行复杂加工才能形成人们所需的商品，那么这种复杂加工应专设生产加工过程。生产加工过程应完成大部分加工活动，流通加工是对生产加工的辅助及补充。特别指出，流通加工不是对生产加工的取消或代替。

（3）从价值观点看，生产加工的目的在于创造价值及使用价值，而流通加工的目的则在于完善其使用价值并提高价值。

（4）流通加工的组织者是从事流通工作的人，能密切结合流通的需要进行加工活动。从加工单位来看，流通加工由商业企业或物资流通企业完成，而生产加工则由生产企业完成。

（5）从加工目的来看，生产加工是为交换和消费而进行加工；而流通加工除了为消费（或再生产）进行加工，有时候是以自身流通为目的，为流通进行加工。

二、流通加工产生的原因

（一）流通加工的出现与现代生产方式有关

现代生产发展趋势之一是生产规模大型化、专业化，依靠单品种、大批量的生产方式降低生产成本以获取规模经济效益。生产的集中化进一步引发了产需之间的分离。生产与需求，除了存在"空间距离""时间差异"及"生产者与消费者不在一个封闭圈"，进一步在产品功能（规格、品种、性能）上产生了分离。"少品种、大批量、专业化"是大生产的特点，但其产品功能往往不能和消费需求密切衔接。流通加工则可以弥补大生产与产品功能的分离。因此，流通加工的诞生实际上是现代生产发展的一种必然结果。

（二）流通加工的出现与现代社会的消费个性化有关

消费个性化和产品标准化之间存在一定的矛盾。当个性化问题十分突出之后，个性化生产的产品难以组织高效率、大批量的流通。在出现了消费个性化的新趋势、新观念之后，就为流通加工开辟了道路。

（三）流通加工的出现与人们对流通作用的观念转变有关

在生产不太复杂、规模不大时，所有的加工制造几乎全部集中于生产及再生产过程中，而流通过程只为实现商品价值及使用价值的转移。在社会生产向大规模、专业化转变之后，社会生产越来越复杂。随着生产标准化和消费个性化出现，加工活动开始由生产过程向流通过程转移，在流通过程中形成了某些加工活动，即流通加工。流通加工的出现使流通过程具有了某种"生产性"，改变了长期以来形成的"流通过程只为实现商品价值及使用价值转移"的旧观念，从理论上明确了流通过程可以主动创造价值及使用价值而不单是被动"保持"和"转移"的过程。

（四）流通加工的出现与效益观念的树立有关

20 世纪 70 年代初，第一次石油危机的发生证实了效益的重要性。流通加工能以少量投入获得较大效果，是一种高效益的加工方式，因而获得了很大发展。

三、流通加工的类型

流通加工的类型随划分标准的不同而不同。根据流通加工的目的，可将流通加工分为以下类型。

（一）为弥补生产领域加工不足的流通加工

由于受到各种因素的限制，许多产品在生产领域只能实现部分加工，而不能完全实现终极加工。例如，木材只能在生产领域加工为圆木、板、方材，进一步的下料、切裁、处理等加工则由流通加工完成，否则将给运输带来极大的困难。钢铁厂只能按标准规定的规格进行大规模的生产，使产品具有较强的通用性，以提高生产效率和效益，增强企业的市场竞争力。

（二）为满足多样化需求的流通加工

生产企业为了实现高效率、大批量的生产，其产品往往不能完全满足用户多样化的需求。产业链既要保证高效率的大生产，又要满足用户的需求，需要将生产企业的单一化、标准化的产品进行多样化的改制加工。例如，对钢材卷板进行舒展、剪切加工；按需要规格对平板玻璃进行开片加工；将木材改制成枕木、板材、方材等。

（三）为提高原材料利用率的流通加工

流通加工企业可利用其综合性强、用户多的特点，采用科学规划、集中下料、合理套裁等办法提高原材料的利用率，减少损失和浪费。

（四）为提高物流效率、降低物流损失的流通加工

有些商品因外观形态难以进行物流操作，且在装卸搬运过程中极易受损，如鲜鱼的装卸、储存；大型设备的搬运、装卸；气体的运输、装卸等。对上述商品进行适当的流通加工可以弥补其外观缺陷，如鲜鱼的冷冻、大型设备的解体、石油气的液化加工等，使物流各环节易于操作，提高物流效率。

（五）为提高加工效率的流通加工

许多生产企业的初级加工由于数量有限、加工效率不高，难以应用先进的科学技术。流通加工以集中加工的形式，解决了单一企业加工效率低的缺陷。以一家流通加工企业代替若干生产企业的初级加工工序，可以减少加工与流通的环节、降低生产成本，促使生产水平有一个新的发展。例如在中药材种植集散地建立饮片加工厂，引入大型加工设备，提高产地加工的机械化、规模化程度，对本地可以直接加工成饮片的鲜药材进行集中加工、集中存储、统一配送。

（六）为保护产品所进行的流通加工

在物流运输过程中，为了保护商品的使用价值，延长商品在生产和使用期间的寿命，防止商品在储存、装卸搬运、包装等过程遭受损失，可以采取稳固、改装、保鲜、冷冻、涂油等方式。例如，水产品、肉类、蛋类的保鲜、冷冻加工、防腐加工；金属材料的喷漆、涂防锈油等防锈蚀加工；木材的防腐朽、防干裂加工；煤炭的防高温、防自燃加工；水泥的防潮、防湿加工等。

（七）为促进销售的流通加工

根据消费需要对商品进行加工。例如，使用粮食加工除杂机去除杂质；将蔬菜、肉类洗净切块；将大包装或散装物分装成适合销售的小包装；将以保护商品为主的运输包装更换成以促进销售为主的销售包装等。

（八）为实施配送进行的流通加工

这种流通加工形式是配送中心为了满足客户的需要而对物资进行的加工。例如，混凝土搅拌车可以根据客户的要求，把沙子、水泥、石子、水等材料按比例要求装入可旋转的罐中。在配送路途中，混凝土搅拌车边行驶边搅拌，到达施工现场后，混凝土已经均匀搅拌好，可以直接投入使用。

（九）衔接不同运输方式，促进物流合理化的流通加工

在干线运输和支线运输的结点设置流通加工环节，可以有效解决大批量、低成本、长距离的干线运输与多品种、少批量、多批次的末端运输和集货运输之间的衔接问题。在流通加工点与大生产企业间形成大批量、定点运输的渠道，以流通加工中心为核心，根据下游多个客户的需要，提供分拣、分装、合理套裁等配送加工，从而有效衔接不同目的的运输方式。例如，在流通加工点将运输包装转换为销售包装。

（十）生产—流通一体化的流通加工

依靠生产企业和流通企业的联合，或者生产企业涉足流通，或者流通企业涉足生产，对生产与流通加工进行合理分工、规划、组织，统筹安排生产与流通加工，即生产—流通一体化。这种形式的流通加工可以促成产品结构及产业结构的调整，充分发挥企业的经济技术优势，是目前流通加工领域的新形式。例如，资生庄园是一家从事家庭用食材生产、加工和销售的公司，在全国拥有9个生产基地，基地出产的农作物的一部分由自己的工厂加工成点心；另一部分在完成生产商信息登记及食品安全检查后，进行简单的分装、分拣、贴标签等加工，然后在社区店铺进行销售。

任务二　流通加工作业管理

一、流通加工设备

流通加工设备种类繁多，按照不同的标准，可分为不同的类别。

（一）以加工形式为标准进行分类的流通加工设备

1. 剪切加工设备

剪切加工设备是进行下料加工或将大规格的钢板裁小或裁成毛坯的设备。

2. 集中开木下料设备

木锯机等属于集中开木下料设备。其加工原理是利用木锯机等机械将原木锯裁成各种规格的锯材，将碎木、碎屑集中加工成各种规格的板材，还可根据需要进行打眼、凿孔等初级加工。

3. 配煤加工设备

配煤加工设备是将煤炭及一些其他发热物质，按不同的配方进行掺配加工，生产出不同发热量的燃料的设备。

4. 冷冻加工设备

冷冻加工设备是为了解决鲜肉、鲜鱼或药品等在流通过程中保鲜及搬运装卸问题，采用的低温冷冻的加工设备。

5. 分选加工设备

分选加工设备是根据农副产品的规格、质量离散程度较大的情况，为了获得一定规格的产品而采取的分选加工设备。

6. 精制加工设备

精制加工设备是用于农、牧、副、渔等产品的切分、洗净、分装等简单加工的设备。

7. 包装加工设备

包装加工设备是为了便于销售，在销售地按照所要求的销售起点进行新包装、大包装改小包装、散装改小包装、运输包装改销售包装等加工的设备。

8. 组装加工设备

组装加工设备是采用半成品包装出厂，在消费地由流通部门所设置的流通加工点进行拆箱组装的加工设备。

（二）常见的流通加工设备

1. 剪板机

剪板机是在各种板材的流通加工中应用比较广泛的一种剪切设备，可用于板料或卷料的剪裁，将大规模钢材剪小或切裁成毛坯。剪板机在剪切时，下剪刀固定不动，上剪刀向下运动，具体分为平剪、滚剪和振动剪。其中，平剪是使用最多的。剪板机主要用于金属加工行业，加工的产品广泛适用于航空、轻工、冶金、化工、建筑、船舶、汽车、电力、电器、装潢等行业。

2. 卷板机

卷板机是对板材进行连续点弯曲的塑形机床，具有卷制 O 型、U 型、多段 R 等不同形状板材的功能。卷板机广泛应用于装潢、化工、金属结构、输气输油管道及机械制造行业，是金属薄板弯曲成型的理想设备。

3. 折弯机

折弯机是一种能够对薄板进行折弯的机器。其结构主要包括支架、工作台和夹紧板。工作台置于支架上，由底座和压板构成，使用时由导线对线圈通电，通电后对压板产生引力，从而实现对压板和底座之间薄板的夹持。折弯机主要用于锻压机床、压力机、折弯机、制药机、印刷机等的折弯、校直等。

4. 校平机

校平机是将不同规格的卷料经过开卷、校平、剪切，成为所需长度和宽度的平整板材的机器。校平机是板材加工中常用的设备。校平机的定型主要取决于被校板材的厚度、材质和要求。校平机生产线布线合理，自动化程度高，操作方便、简单，应用于校正各种规格板材及剪切成块的板材。校平机可加工各种冷轧和热轧卷板、硅钢板、不锈钢板、彩板、铝板及电镀后或涂装后的各类金属板材，应用范围遍布机械、冶金、建材、化工、电子、电力、轻工等行业，特别在造船、机车车辆、锅炉桥梁、金属结构工厂等行业，成为生产中不可缺少的必需设备。

5. 切割机

在现代工业制造领域中，切割是应用量大、应用面广泛的基础工艺之一，尤其是在工程机械制造行业，切割工作量占有很大的比重，切割效率和质量直接影响生产效率和质量。切割机可应用于金属和非金属行业。非金属行业的划分比较细致，如切割石材的石材切割机、水切割机和锯齿切割机；切割布料、塑料、化纤制品的激光切割机和刀片式切割机；切割金属材料的火焰切割机、等离子切割机等。

6. 混凝土搅拌设备

（1）混凝土搅拌楼。混凝土搅拌楼是用来集中搅拌混凝土的联合装置，完成对原材料的预处理、供给、计量及对混合料的搅拌等，一般由计算机控制与管理。

（2）混凝土搅拌机。混凝土搅拌机是水泥加工中常用设备之一，适用于各类中小型工程。

（3）混凝土搅拌输送车。混凝土搅拌输送车用于完成混凝土自搅拌站至施工区的水平输送。

（4）混凝土搅拌泵车。混凝土搅拌泵车用于完成混凝土自施工区至浇注点的水平和垂直输送。它能将混凝土的输送和浇注工序合二为一，节约劳动和时间。

二、流通加工合理化

流通加工合理化是指实现流通加工的最优配置，即对是否设置流通加工环节、在什么地方设置、选择什么类型的加工、采用什么样的技术装备等问题做出正确解答。要实现流通加工的合理化，主要从以下几个方面加以考虑。

（一）加工和配送结合

将流通加工设置在配送点中，一方面按配送的需要进行加工，另一方面加工作为配送作业流程中分货、拣货、配货的重要一环，加工后的产品直接投入配货作业，使加工与中转流通巧妙地结合在一起。同时，配送之前进行必要的加工，可以大大提升配送服务的水平。例如，配煤加工、混凝土搅拌等。

（二）加工和配套结合

"配套"是指对使用时有联系的用品集合成套地供应用户使用。例如，方便食品的配套，配套的主体多来自各个生产企业，方便面中有面饼、调料包（粉包）、蔬菜包（脱水料包）、油包（酱包）以及叉子等。有的配套不能由某一生产企业全部完成，如果在物流企业进行适当的流通加工，可以有效地促成配套，提升流通作为供需桥梁与纽带的能力。

（三）加工和合理运输结合

流通加工能有效衔接干线运输和支线运输，促进两种运输形式的合理化。利用流通加工，在支线运输转干线运输或干线运输转支线运输等必须停顿的环节，按干线运输或支线运输的合理要求进行适当的加工，可大大提升运输及运输转载水平。

（四）加工和商流合理结合

通过流通加工促进销售，使加工与商流合理结合。例如，包装加工是一种非常简单的加工方式，通过简单地改变包装加工，可以形成方便的购买量，以促进销售。再如，通过组装加工可解除用户使用前需要组装、调试的难处，也可以促进销售，使商流合理化。

（五）加工和节约结合

节约能源、设备、人力，减少耗费是流通加工合理化需要考虑的重要因素。对于流通加工合理化的最终判断，取决于其能否实现社会和企业自身两个效益，是否取得了最优效益。流通加工企业与一般企业不同，应树立社会效益第一的观念，以实现产品生产的最终利益为原则，这样才有生存价值和发展空间。

三、流通加工的技术经济指标

衡量流通加工的可行性，对流通加工环节进行有效的管理，可考虑采用以下两类指标。

（一）流通加工建设项目可行性指标

流通加工仅是一种补充性加工，企业规模、投资额度远低于一般生产型企业，其具有投资额较低、投资时间短、建设周期短、投资回收速度快且投资收益大的投资特点。因此，投资可行性可采用静态分析法。

（二）流通加工环节日常管理指标

由于流通加工的特殊性，不能全部采用一般企业的考核指标。考核工业企业的八项技术经济指标有产量、品种、质量、消耗、成本、利润、资金、劳动生产率，其中对流通加工较为重要的指标是劳动生产率、成本及利润。此外，还有反映流通加工特殊性的指标。

（1）品种规格增加量及增加率，反映某些流通加工方式在满足用户、衔接产需方面的效果。品种规格增加量等于产品加工后品种、规格数量与加工前品种、规格数量之差。

$$增加率 = \frac{品种规格增加量}{产品加工前品种、规格数量} \times 100\%$$

（2）资源增加量指标，反映某些类型的流通加工在增加材料利用率、出材率方面的效果指标。这类指标不但可提供证实流通加工重要性的数据，还可具体用于计算微观及宏观经济效益。

其具体指标分为新增出材率和新增利用率两项。

$$新增出材率=加工后出材率-原出材率$$

$$新增利用率=加工后利用率-原利用率$$

（3）增值指标，反映经流通加工后单位产品的增值程度，以百分率表示，计算公式为：

$$增值率 = \frac{产品加工后价值-产品加工前价值}{产品加工前价值} \times 100\%$$

流通加工的技术性经济指标是衡量流通加工项目的可行性及有效管理的指标，有助于流通加工企业的日常管理。

任务三　流通加工包装技术

一、包装概述

（一）包装的含义

《中华人民共和国国家标准物流术语》（GB/T 18354—2021）对包装的定义："为在流通过程中保护产品、方便储运、促进销售，按一定技术方法而采用的容器、材料及辅助物等的总体名称。注：也指为了达到上述目的而采用容器、材料和辅助物的过程中施加一定技术方法等的操作活动。"

在现代物流观念形成之前，包装一直是生产领域的活动，被认为是生产的重点。因此，包装设计主要从生产终结的角度出发，常常不能满足流通的要求。

但实际上，在社会再生产过程中，产品或是材料，在搬运输送以前都要进行某种程度的包装捆扎或装入适当容器，以保证产品完好地运送到消费者手中。因此，包装既是生产物流的终点，又是社会物流的起点。现代物流认为，包装是物流系统的构成要素之一，与运输、装卸搬运、贮存保管、加工有密切的关系。

（二）包装的功能

1. 保护商品

保护被包装物是包装的最基本功能。被包装物品的复杂性决定了它们具有各种质地和形态，有固体、液体、粉末或膏状等。这些物品一旦形成商品后，就要经过多次搬运、贮存、装卸等过程，最后才能送到消费者手中。商品在流通过程中，很难完全避免遭受冲撞、挤压、受潮、腐蚀等不同程度的损毁。如何让商品保持完好状态，使各类损失降到最低点，这是包装制品生产制造之前首先要考虑的问题，同时也是包装选材设计乃至结构设计的理论依据。因而，包装应该从以下五个方面保护商品：①防止商品破坏变形；②防止商品发生化学变化，如吸潮、生锈；③防止商品被腐蚀、发生霉变、被鼠虫侵食；④防止污染；⑤防止丢失、散失。

2. 促进销售、满足消费需求

包装中视觉效果的传达是包装最具商业性的特质。包装通过设计，不仅使消费者熟悉商品，还能增强消费者对商品品牌的记忆与好感。包装还可以通过造型给人以美感，体现浓郁的文化特色。包装以明亮鲜艳的色调，表达或渗透着艺术风韵和时代气息。这就使包装的商品具有了生命活力和美妙的诗意。包装在促进销售、满足消费需求方面具有以下作用。①宣传、美化商品；②便于商品的陈列、识别和选购；③方便商品的携带、使用和销售。

3. 方便功能

包装在方便功能方面具有以下作用。①方便运输、装卸、搬运和仓储；②减少损耗；③便于核查；④单元化包装，提高物流的效率；⑤标准化包装方便配送。例如，将同一种商品或同一类商品或不同类商品，以包装为单位，通过中包、大包的形式组合包装在一起，使包装后的商品功能更加完备，从而形成新的商品价值和使用效果。

（三）包装种类

包装的分类方法有很多。通常情况下，人们习惯把包装分为两大类：运输包装和销售包装。专业分类有以下几种方法。

1. 按包装容器形状分类：可分为箱、桶、袋、包、筐、捆、坛、罐、缸、瓶等。

2. 按包装材料分类：可分为木制品、纸制品、金属制品、玻璃制品、陶瓷制品和塑料制品等。

3. 按包装商品种类分类：可分为食品、医药、轻工产品、针棉织品、家用电器、机电产品和果菜类等。

4. 按安全性分类：可分为一般货物包装和危险货物包装等。

5. 按包装防护技术分类：可分为贴体、透明、托盘、开窗、收缩、提袋、易开、喷雾、蒸煮、真空、充气、防潮、防锈、防霉、防虫、无菌、遮光等。

6. 按包装使用次数分类：可分为一次性包装、多次包装和周转包装等。

7. 按包装所具有的功能分类：可分为普通包装和智能包装。

（1）普通包装是指仅具有基础功能的包装。

（2）智能包装是指包装除了具有基础功能，还具有信息传输、数据归集、全程追踪等功能，有效扩展、外延包装产品功能。

8. 按流通领域中的环节分类：可分为小包装、中包装、外包装。

（1）小包装是直接接触商品的包装。小包装与商品同时装配出厂，构成商品的组成部分。小包装上有图案或文字标志，具有保护商品、方便销售、指导消费的作用。

（2）中包装是商品的内层包装箱，通称为商品销售包装。中包装多为具有一定形状的容器，具有防止商品受外力挤压、因撞击而发生损坏或受外界环境影响而发生受潮、发霉、腐蚀等变质变化的作用。

（3）外包装是商品最外层的包装，又称为运输包装。外包装是基于输送物品的目的，起到保护作用并且方便输送搬运作业的包装。一般置入箱、袋之中，根据需要对容器有防震、固定、防温、防水的技术措施要求。一般外包装有密封、增强功能，并且有相应的标识说明。

二、包装标准化

包装与物流的各个方面都存在密切联系。包装标准化，适应了大规模、大批量的生产要求，是提高产品包装质量、减少消耗、降低流通费用的重要手段。

（一）包装标准化的含义

包装标准化是以物流包装为对象，对产品包装的类型、规格、容量、使用的包装材料、包装容器的结构造型、印刷标志、产品的盛放、缓冲措施、衬垫、封装方式、检验要求等进行统一规定，贯彻相应的政策和技术措施。包装标准是国家的技术法规，具有权威性和法制性。因此，一经批准颁发的包装标准，无论是生产、使用和管理部门，还是企业单位，都必须严格执行，不得更改。

（二）包装标准化的意义

1. 使包装标志准确、清晰。这直接关系到产品在流通过程中的装卸、搬运、运输的安全。

2. 改善仓储的堆码状态，从而改善仓库内的环境，利于安全操作和管理。

3. 包装尺寸标准化、系列化、通用化，有利于采用集装箱、托盘等单元运输，促进物流合理化，提高车辆载重量，有效地利用运输工具，减少运输工作量，有效避免超载、超高、超宽等，提高车辆的安全性能。

4. 促进物流机械化和自动化的发展，实现机器代替人工操作。

5. 危险品包装的标志，技术条件、性能试验、生产、检验等环节的标准化，可以有效地保证包装的质量，保证装卸搬运、运输、仓储过程中的人身和财产安全。

（三）包装标准化的分类

目前，我国的产品包装标准主要包括建材、机械、电工、轻工、医疗器械、仪器仪表、中西药、食品、农畜水产、邮电、军工等 14 个大类 500 多项。包装标准是以包装为对象制定的标准。包装标准可以从以下几个方面进行分类。

1. 包装基础标准

包装基础标准是包装的最基本标准，具有广泛的适用性。它包括名词术语、包装尺寸系列、包装标志和运输包装基本试验四大类。相关标准主要由包装管理标准、集装箱与托盘标准、运输储存条件标准构成。

2. 包装材料及试验方法标准

包装材料及试验方法标准对各类材料及包装辅助材料的技术质量指标及相应的物理、化学指标、具体的试验测定和卫生标准及检验方法等做出了明确的规定。

3. 包装容器标准

包装容器标准对不同的包装材料所制成的各种容器，或用同一材料包装不同的物品容器及试验方法的技术指标、质量要求、规格容量、形状尺寸、性能测试方法等做出了具体的规定。

4. 包装技术标准

包装技术标准对各种防护技术的防护等级、技术要求、检验规则、材料选择、防护药剂、防护方法、防护性能试验等都做出了明确的规定。

5. 产品包装标准

产品包装标准对某一具体产品的包装用料要求、包装技术、包装含量、包装标志、容器形状、填充要求、捆扎方法等做出了具体规定。

6. 相关标准

相关标准主要指与包装关系密切的标准,例如集装箱技术条件、尺寸,托盘技术条件、尺寸,叉车规格等。

三、包装合理化

包装合理化是指在包装过程中使用适当的材料和适当的技术,制成与物品相适应的容器,节约包装费用,降低包装成本,既可满足包装的保护商品、方便储运、有利销售的要求,又可提高包装的经济效益的包装综合管理活动。包装合理化与包装标准化相辅相成,是实现包装现代化的根本保证。包装合理化主要表现在以下几个方面。

1. 包装的轻薄化

由于包装只起保护作用,没有增加产品使用价值的作用,因此在强度、寿命、成本相同的条件下,更轻、薄、短、小的包装可以节约材料、提高装卸搬运和运输的效率。

2. 包装的单纯化

为了提高包装作业的效率,包装材料及规格应力求单纯化,包装形状和种类也应单纯化。包装材料品种少,则易于管理和减少浪费;包装形状和规格单一,有利于提高作业效率,实现机械化。

3. 包装的单元化和标准化

包装的单元化和标准化是现代化物流的重要标志。只有包装规格尺寸一致,才能实行模块化包装;包装实现了单元化和标准化,才能批量化作业;有了批量化装卸搬运、保管和运输,才能提高效率,节约费用,物流才能实现机械化和自动化。

4. 包装的机械化与自动化

为了提高作业效率和包装现代化水平,各种包装机械的开发和应用是很重要的。由于被包装物品种繁多,包装材料和包装方法又各不相同,因此出现了各式各样的包装机械,其中有高度自动化的,也有半自动化和手动的。一个相当庞大的包装机械产业为各种产品提供包装技术装备。

5. 注意与其他环节的配合

包装是物流系统组成的一部分,需要和运输、装卸搬运和仓储等环节进行综合考虑、全面协调。

6. 有利于环保

包装是产生大量废弃物的环节,处理不好可能造成环境污染。包装最好选择可反复多次使用并能回收再生利用,并且不对人体健康产生影响、不对环境造成污染的材料,即所谓的"绿色包装"。

绿色包装需要遵循 3R1D 原则，即减量化（Reduce）、重复使用（Reuse）、再循环（Recycle）、可降解（Degradable）。

绿色包装的优点体现在以下几个方面。

（1）材料最省、废弃物最少、节约资源和能源。

（2）易于回收再利用和再循环。

（3）废弃物燃烧产生新能源且不产生二次污染。

（4）包装材料最少且自行分解，不污染环境。

四、包装材料

包装材料是指用于制造包装容器、包装装潢、包装印刷、包装运输等满足产品包装要求所使用的材料，分为主要包装材料和辅助材料两类。包装材料的选择十分重要，直接关系到包装质量和包装费用，有时也影响运输、装卸搬运和仓储环节作业的进行。

（一）主要包装材料

1. 纸

纸包装是指以纸或纸板为原料制成的商品包装。它包括纸箱、纸盒、纸袋、纸管等。纸包装材料可分为普通包装纸、专用包装纸、商标包装纸、防油包装纸、防潮包装纸五种。普通包装纸纸质强韧，可作一般包装用，如牛皮纸、鸡皮纸等；专用包装纸根据用途命名，其性质各不相同，如水果包装纸薄而柔软，感光防护纸颜色黑而不透光；商标包装纸经印刷后作包装用，如糖果包装纸；防油包装纸具有防止油脂渗透性能，如植物羊皮纸、牛油纸；防潮包装纸则具有防潮性，如柏油纸、铝箔纸等。

纸包装材料具有耐摩擦、耐冲击、质地细腻、容易黏合、无味、无毒、价格相对较低等优点，用量最多，品种最杂。运输用大型纸袋可用 3～6 层牛皮纸多层叠合而成，也可用牛皮纸和塑料薄膜做成复合多层构造。纸箱的原料是各种规格的白纸板和瓦楞纸板。例如，瓦楞纸纸箱重量轻、耐冲击、易加工、易回收，价格便宜，回收后再生性较好，用途广泛。

2. 木材

木质包装以天然生长的木材或人工制造的木材制品为材料的产品包装，在包装方面的用量仅次于纸包装。

木质包装具有以下优点。①机械强度大，刚性好，抗机械损伤能力强，可承受巨大码垛载荷。②木质容器弹性好，抗冲击性能强，是装载大型、重型产品的理想容器。③木材耐腐蚀性强，不生锈，不污染内装物，适合包装具有腐蚀性的化工产品。④木质容器易加工，试制和改进也十分简便。⑤木质包装可回收利用，包装成本较低；成为废品时还可进行综合利用。⑥木质容器便于吊装，在运输和仓储中，码垛方便，能充分利用有效空间。⑦用胶合板制造的木质容器，外表较美观，具有一定的耐久性、防潮性和防湿性。木质包装具有以下缺点。①空箱体积大，不便贮运，易吸湿，不宜露天放置。②生产机械化程度不高。③木材资源日渐缺乏。

由于木材具有抗压、抗震、抗挤、抗冲撞能力，因此木质包装一般用于外包装。木制容器包括木箱、胶合板箱及木桶等。为了节省木材，常使用框架箱、栅栏箱或木条胶合板箱；为了增加强度，还会给木箱加上铁箍。对于重物包装，常在底部加木制垫货板。

3. 金属

金属包装是指采用金属薄板，针对不同用途制作的不同形式的薄壁包装容器。

金属包装材料具有优良的综合性能，且资源丰富、回收处理方便、污染极少。与其他包装材料相比，金属包装材料具有以下优势。第一，金属具有较高的稳定性，金属包装能够保证被包装物的相对安全与长久质量。第二，金属包装具有相对较高的强度和一定的刚度，可以叠加堆高以加强物品的柜台展示效果；在物流过程中不易损坏，一般不需要使用额外的外层包装进行二次加固。第三，金属包装的开启失败率仅有百万分之一，相比其他包装材料，具有十分明显的优势。第四，金属包装的使用效率非常高，金属罐饮料的灌装速度可以达到其他包装材料的数倍，大大提高了灌装的效率。

金属包装的阻气性、防潮性、遮光性和保香性超过了塑料、纸等包装材料，不仅能有效地避免紫外线的有害影响，还能长时间保持商品品质，这对于食品包装而言尤为重要。金属包装容器不易破损、便于携带，在生活中广受欢迎。

此外，饮料、煤气、天然气等液体、气体一般用金属片和金属板作为包装材料。其中，镀锡钢板和金属箔两大品种用量较大。镀锡钢板，即表面镀有一薄层金属锡的钢板，坚固、耐腐蚀、易加工，且防水、防潮、防摔，使用十分广泛。金属箔，即金属压成的薄片，适合用作奶油、乳制品、糖果和肉类食品的包装。运输用的金属容器有罐、箱或桶等。罐用于食品、化学药品、油脂类物品，而桶则主要用于以石油为主的非腐蚀性的半流体及粉体、固体的包装。

4. 塑料包装材料

塑料是以合成或天然的高分子树脂为主要材料，添加各种助剂后，在一定温度和压力下具有塑性与流动性，可被塑制成一定形状，且在一定条件下保持形状不变的材料。塑料具有以下特点。①密度小，强度高，可以获得较高的包装率。②大多数塑料的耐化学性好，有良好的耐酸、耐碱、耐各类有机溶剂，长期放置不会发生氧化。③成型容易，所需成型能耗低于钢铁等金属材料。④具有良好的透明性、易着色性。⑤具有良好的强度，耐冲击，易改性。⑥加工成本低。⑦绝缘性强。

塑料包装材料有聚乙烯、聚丙烯、聚苯乙烯、聚氯乙烯及钙塑材料等。聚乙烯又分为高压聚乙烯、中压聚乙烯和低压聚乙烯三种，其中，高压聚乙烯制成的薄膜透气性好、透明结实，适用于蔬菜、水果的保鲜包装。聚丙烯的优点是无毒，可制成薄膜、瓶子、盖子，适用于食品和药品包装。聚苯乙烯可用来制作罐、盒、盘等包装容器和热缩性薄膜，如发泡聚苯乙烯塑料，大多用作包装衬垫和内装防震材料。聚氯乙烯可以用来制作周转塑料箱和硬质泡沫塑料，但在高温下可能分解出氯化氢气体，有腐蚀性。钙塑材料可用来制造钙塑瓦楞纸板、钙塑包装桶和包装盒等。

塑料包装制品的应用十分广泛，塑料袋及塑料编织袋已成为牛皮纸袋的代用品。塑料制品还用于酒、食用油、水等液体运输容器的革新，开发了纸袋结合包装，其方法是将折叠塑料袋容器放入瓦楞纸箱中，以代替传统的玻璃瓶、金属罐、木桶等。塑料成型容器也得到广泛的应用，如聚乙烯容器，包括箱、罐等，特别是颜料和食品业等塑料通用箱发展很快。

5. 玻璃、陶瓷

用玻璃或陶瓷材料制成瓶、罐、坛子，用来盛装食品、药品等十分适宜。玻璃和陶瓷不仅耐腐蚀、强度高，而且能进行装潢和装饰，有利于促进销售。

6. 复合材料

复合材料在目前市场应用广泛的有塑料与塑料复合、塑料与玻璃复合、金属箔与塑料复合、纸张与塑料复合，以及金属箔、塑料、玻璃复合等。

主要包装材料的特点及应用如表5-1所示。

表5-1　主要包装材料的特点及应用

包装材料	特点	注意事项	适用范围
纸和纸板	易大批量生产，价格低廉，可回收利用，有一定弹力、折叠性能好，有良好的印刷性能	防潮、防火、防腐蚀，防虫害、鼠害	食品及生活用品的包装
木材	材料轻，有一定弹性，能承受冲击和震动，容易加工	防潮、防火、防腐蚀，防虫害、鼠害	礼品的外包装盒，陶瓷制品在输送过程中的运输包装，高级酒水的外包装盒等
塑料	透明度好，重量轻，易成形，防水防潮，保证卫生	易带静电，透气差，回收成本高，废弃物处理难，含有毒助剂	食品外包装，液体易腐蚀性物品的包装
金属	强度高，良好阻气性，防潮性，印刷装饰	化学稳定性差，易生锈，可能影响食品质量	食品、药品、化学品等的包装
玻璃	化学稳定性好，不透气，造型灵活	轻拿轻放，熔制玻璃能耗高	酒水、高档饮料内包装、化妆品的包装等
陶瓷	硬度高，耐高温、抗腐蚀	轻拿轻放	高级商品的包装

（二）辅助材料

1. 黏合剂

黏合剂用于包装材料的制造、制袋、制箱及封口作业，有水型、溶液型、热熔型和压敏型的区分。近年来，由于普遍采用高速制箱及封口的自动包装机，所以大量使用短时间内能够黏结的热熔型黏合剂。

2. 黏合带

黏合带包括橡胶带、热敏带、黏结带三种。橡胶带遇水可直接溶解，结合力强，黏结后完全固化，封口很结实；热敏带一经加热活化便产生黏结力，结合后不易揭开、不易老化；黏结带是在带的一面涂上压敏型黏合剂，如纸带、布带、玻璃纸带、乙烯树脂带等，也有两面涂胶的双面胶带，这种带子用手压便可结合，特别方便。

3. 捆扎材料

捆扎的作用是打捆、压缩、缠绕、保持形状、提高强度、封口防盗、便于处置和防止破损等。捆扎材料应用范围广泛，应用于大多数行业的产品包装中。捆扎材料一般有聚丙烯带、尼龙带、聚酯带、钢带等，主要用于商业、邮政、铁路、银行、食品、医药、书刊、发行等行业的纸箱、木箱、纸包件、布包件的包装捆扎。捆扎材料常和捆扎机配套使用。

五、物流包装防护技术

（一）防震保护技术

防震包装又称缓冲包装。防震包装可以减小外力对产品的影响，防止产品损坏。防震包装方法主要有以下几种。

（1）全面防震包装方法。其指在内装物和外包装之间全部用防震材料填充进行防震的包装方法。

（2）部分防震包装方法。对于整体性好的产品和有内装容器的产品，仅在产品或内包装的拐角或局部地方使用防震材料进行衬垫即可。常见的防震材料有泡沫塑料防震垫、充气型塑料薄膜防震垫和橡胶弹簧等。本方法适用于大批量产品的包装，目前广泛应用于电视机、洗衣机、仪表仪器等的包装。

（3）悬浮式防震包装方法。对于某些贵重易损产品，为了有效地保证其在流通过程中不受损害，一般采用坚固的外包装容器，把产品用带子、绳子、吊环、弹簧等吊在外包装中。这样，在运输、装卸、搬运等环节中，内装物都被稳定悬吊而不与包装容器发生碰撞，从而减少损坏。

（4）联合方式防震包装方法。在实际缓冲包装中，常将两种或两种以上的防震方法配合使用。例如，既加铺垫又填充无定形缓冲材料，使产品得到充分的保护；有时可把各种材质的缓冲材料组合起来使用。

（二）防破损保护技术

（1）捆扎及裹紧技术。其作用是使杂货、散货形成一个牢固的整体，便于处理，防止散堆，从而减少破损。

（2）集装技术。减少与产品的接触，从而防止破损。

（3）选择高强保护材料。通过外包装材料的高强度防止内包装物受外力作用破损。

近几年，物流包装领域越来越多地采用机械设备替代人力，常用的设备包括电动/气动手持式打包机、半自动/自动穿带打包机、缠膜机、套膜机等。

六、智能包装

（一）智能包装的定义

智能包装的定义众说纷纭，较为全面、广泛且为多数学者、机构认可的智能包装的定义是一类具有监测、感知、记录、追踪、交流、逻辑等智能功能的包装系统，该系统能在延长货架期、增强产品安全、提高产品品质、提供有效信息、警示产品问题等方面提供有效的帮助。因此，智能包装在供应链循环中主要负责监测产品自身或所处环境的信息，是对包装产品功能的有效扩展、外延。

（二）智能包装技术

智能包装是一个系统性概念，智能包装的实现需要借助智能包装技术、智能包装设备以及物联网技术。

1. 智能包装技术的定义

智能包装技术主要是指实现信息交互的各类技术手段。例如，时间-温度指示剂（TTI）、射频识别（RFID）技术等，主要涉及保鲜技术、安全溯源技术、射频防伪识别技术、二维码技术以及包装性与结构创新技术等。

第一代智能包装技术基于光学/视觉识别，侧重于通过光学特性解决防伪、追踪、防盗等问题，其特点是只利用一种技术。

第二代智能包装技术融合印刷电子、RFID、柔性显示等新型技术，使商品及其包装对人类更具有亲和力，使人机交互式沟通更为便捷，使"智能"包装更加主动地呈现出物联网特性。

2. 智能包装技术的分类

学者周云令、魏娜等将智能包装技术分为环境感知类、品质感知类和信息交换类。

（1）环境感知类。环境感知类智能包装技术主要是指一类监测食品包装外部或者内部环境条件的传感器或指示剂，主要包含 TTI、泄漏指示剂、气体指示剂。该技术可用于对环境（如温度、湿度、机械压力等）较为敏感的食品包装。食品除了自身的直接因素外，环境因素是影响食品安全与品质的间接因素。环境的改变可能会加速或延缓食品的腐坏。因此，部分智能包装技术将环境因素的变化作为评估食品品质的主要因素。

（2）品质感知类。品质感知类智能包装技术不再依靠某一要素（如温度、时间）从侧面反映食品的品质，其对食品品质的监测更直接、全面。

（3）信息交换类。包装既是产品的载体，又是产品数据信息的载体。智能包装可以实现信息的自动存储、识别以及交换功能，有效帮助生产者及分销商降低成本，提升消费体验。信息交换类智能包装技术主要包括条码技术、RFID 技术、增强现实（AR）技术等。

（三）智能包装的应用

智能包装可以实现产品全流通过程中的全程定位，相当于间接监控了产品全供应链中的制造端、物流端及零售端，充分表现出产品的实际品质。目前，商品在销售过程中会遇到防伪、追溯、线上线下营销、推广手段等不同的问题与需求，而商家辅以二维码、RFID/NFC 标签、数字水印、AR 技术、大数据分析等技术手段正好能解决这些问题。因此，市面上出现了各类"无人超市"，而大约有一半的包装方案上都添加了 RFID 芯片来感应识别商品，解决销售难题。

包装对于各行各业都非常重要，随着"中国制造2025"概念的到来，各行各业包装逐渐走向高端化、智能化。因此，发展智能包装必将成为社会包装发展的主流趋势。

七、常见的包装加工业务

在日常生产生活中，常见的包装加工业务包括改换包装、礼盒包装、组装零配件等加工业务。

（一）改换包装

改换包装是指根据客户的需求，将大包装换成小包装，将小包装合并成大包装，不改变事物的本质特性。针对国内外厂商的大包装商品或散装商品，将计量包装方式改为商品的销售包装。例如，针对大瓶或散装的液体或粉末，可进行分装，也可根据需要将长材变成短材。

（二）改贴标签

改贴标签包括贴中文说明标签和价格标签等。此外，从商场退回的衣服，可在仓库或配送中心重新进行分类、整理、改换价签和包装，进行简单的加工作业。

（三）礼盒包装

中华民族是礼仪之邦，逢年过节走亲访友、日常贺喜探病，携带适当礼品是礼尚往来之举。礼盒包装是馈赠物品的一部分。礼盒包装应选择适当的包装材料、结构和装潢设计，以体现出礼品的贵重、精致、华丽感，增加消费者的购买欲望，满足消费者送礼的心理需求。礼盒包装作业原本是在商店内作业，由于包装材料占空间，且在节日期间商店销售量大大高于平时，员工工作紧张，因此礼盒包装作业便成为配送中心的流通加工业务。

（四）装潢商品

例如对书籍的加工作业，包括简单的装帧、套书壳、书签，以及对退回的书籍进行重新整理、复原等。

（五）组装零配件

一些产品如果采取整车运输、保管和包装，就会造成费用高、难度大、装载率低。但这类产品装配简单，不必进行精密调试和检测，可以将同类部件装箱，进行批量运输和存放，在商店出售前现场组装，如自行车和助力车等。另外一些产品如计算机散件，也可根据订单组装成不同的配置。

（六）为促销而搭配商品的包装

把某些商品按促销要求搭配，用热收缩塑料包装材料固定在一起。常用的薄膜收缩温度范围为 88℃～149℃。其流程为：打开纸箱→取出商品→套热收缩塑料袋→封口、热收缩→贴价格标签→放入纸箱内→封箱。

（七）配制加工

例如从产地批量地将葡萄酒原液运至消费地进行配制、装瓶、贴商标，包装后出售。配制加工既可节约运费，又能保证安全，实现以较低的成本卖出较高的价格，增加附加价值，如中药颗粒剂处方的配制加工。

（八）定量成型

例如将蔬菜水果冲洗、切割、过秤、装袋。

（九）将一个商品拆成散件

例如，废弃二手自行车经过回收、分拆成散件，再出售。用废旧自行车的散件制作花坛护栏，提高废物资源的利用率，既环保又节约。

同步训练

1. 简述流通加工的含义及其与生产加工的区别。
2. 简述流通加工的合理化。
3. 简述包装的基础功能。
4. 简述常见的包装材料及其特性。
5. 结合物流实践，论述包装标准化的意义。
6. 结合物流实践，论述包装的发展方向。
7. 围绕家乡产业，选择相关产品进行流通加工，指出其加工作业流程，并分析其合理性。

案例分析

净菜加工是将新鲜蔬菜经过一系列处理工序，如分级、整理、挑选、清洗、切分、保鲜和包装等，最终保持生鲜状态，消费者购买后无须进一步处理或只需适当水洗即可直接烹调食用的一种蔬菜加工方式。这种加工方式不仅有助于提升产品质量和卫生安全，提高蔬菜的附加值，还减少了城市生活垃圾，满足了餐饮市场需求。

河北农速源冷链物流有限公司是一家专注于提供冷藏车道路运输、普通货物仓储、物流配送等服务的企业。该公司在其住所地衡水地区设立了农产品深加工基地，推动了地方特色农业产业的高质量发展。公司与北京高校联合采购中心建立了合作关系，被认定为"指定配送单位"和"采购指定基地"，为北京地区的学校提供净菜配送服务。

该公司在北京市丰台区投资建设了河北省首家"河北净菜"共享仓储统配中心，配备了5000平方米的普通仓储库、1000平方米的冷库，为河北省的净菜企业和种植基地、合作社等提供展示、仓储、物流、配送、结算等服务，有效解决了"河北净菜"进京的仓储成本高、终端配送难、结算周期长等问题，提高了流通效率，降低了流通成本。

统配中心每天的供应量达到两万多斤，为北京的超市、餐饮企业、高校食堂等单位提供服务。通过这个平台，河北农速源冷链物流有限公司能够将新鲜加工的净菜快速送达北京市场，满足当地消费者对高品质蔬菜的需求。

思考：

（1）净菜加工后具有哪些市场竞争优势？

（2）围绕净菜加工项目，河北农速源冷链物流有限公司采取了哪些措施？取得了哪些社会效益？

实训项目

商品包装发展趋势分析

一、实训目的

掌握包装的功能和种类、包装合理化及包装材料的性能和特点。

二、实训内容

从稻米、小米、面粉、食用油、肉制品、奶粉、酒类等生活日用品中任选一类商品，从包装材料、包装技术、包装标志等多个维度总结其近三十年的包装变化，分析背后原因，然后"预测"商品包装未来发展趋势。

三、实训要求

3~5名学生为一小组，分工协作，选定商品、搜集其近三十年的包装变化资料，分析讨论。

四、实训报告

编写实训报告，制作PPT课件，分小组汇报。

配送中心客户服务与管理

学习目标

◎ **知识目标**

1. 理解配送服务合同的概念、特点、种类及当事人的权利和义务；
2. 理解客户服务的概念、内容及影响因素；掌握客户服务改进策略。

◎ **技能目标**

1. 能够根据相关指标对客户进行科学分类，并根据分类结果提出管理策略；
2. 能根据客户分类，维护客户关系，与客户建立信任合作关系；
3. 能针对客户服务存在的问题提出改进措施；
4. 能够快速、准确地处理客户的投诉和问题，并找到合适的解决途径。

◎ **素质目标**

培育并践行物流从业人员的效率意识、服务意识、严谨细致、精益求精、吃苦耐劳的职业精神。

知识框架

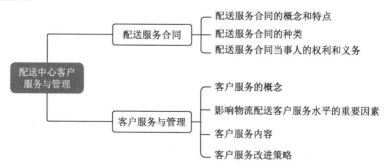

案例导入

某物流公司是一家专门提供医药物流服务的公司，其配送的 SKU 数量庞大。近年来由于经营不善，出现了以下问题。①配送不及时，门店开门营业前配送车辆仍未到店；配送不准时，门店不知道车辆到店时间，无法提前安排工作。②账物不符，常看到的药品因未入账而不能发货；储位不准，药品在库，但是找不到；订单完成率低，采购无依据。③人员职责定位不清，岗多人少、事多活少，无法定岗，激励无效，员工无动力、团队无活力、工作没效率。客户意见很大，多次提出解除配送服务合同，企业经营困难，利润不断下降。

思考：

1. 配送服务合同双方当事人有哪些权利和义务？
2. 物流配送客户服务的内容及其改进策略是什么？

任务一　配送服务合同

一、配送服务合同的概念和特点

（一）配送服务合同的概念

配送服务合同是指配送服务经营人与配送委托人签订的有关确定配送服务权利和义务的协议；也是配送服务经营人收取费用，将委托人委托的配送物品在约定时间和约定地点交付给收货人的合同。委托人是配送物品的所有人或占有人，是具有法律主体资格的企业、组织或者个人。配送服务经营人是以营利为目的，在经营范围内专门从事物流配送服务的企业。

（二）配送服务合同的特点

（1）配送服务合同不是《中华人民共和国民法典》第三编合同第二分编项下的典型合同（典型合同又称有名合同），不能直接引用典型合同的规定。配送服务合同的条款需要依据《中华人民共和国民法典》第三编合同第一分编通则的相关法律规定来确定，同时可以参照最相类似的典型合同，如仓储合同、保管合同和运输合同的规定，以明确合同双方当事人之间的权利、义务和责任。

（2）配送服务是一种产品，配送中心提供配送服务的目的是获取报酬，委托人需要对接受配送服务的当事人支付报酬，因此配送服务合同是有偿合同。

（3）法律并没有对配送服务合同的形式做出强制规定，因此配送服务合同的形式可以是书面形式，也可以是口头形式或者其他形式。根据合同自由原则，当事人有权选择合同形式。

（4）配送服务合同的双方当事人就配送服务活动的意思表示达成一致，合同即告成立。如果合同内容没有违反法律法规及公序良俗，合同即具有法律效力，当事人应依照合同约定履行义务，否则即构成违约。

（5）配送活动具有相对长期性，配送过程需要持续一段时间，以便开展有计划、小批量、不间断的配送，实现配送的经济目的。因此，配送服务合同一般是期限合同，确定一段时期的配送关系；或者是一定数量产品的配送，需要持续较长的时间。

二、配送服务合同的种类

（一）按照配送服务合同是否独立进行的分类

按照配送服务合同是否独立，将其分为独立配送服务合同和附属配送服务合同。

独立配送服务合同是由独立经营配送业务的配送企业、个人或兼营配送业务的组织与配送委托人订立的仅涉及配送服务的独立合同。该合同仅用于调整双方在配送服务过程中的权利和义务关系，以配送行为为合同标的。附属配送服务合同是指在加工、贸易、运输、仓储或其他组织经营活动的合同中，附带地订立配送服务活动的权利和义务关系，而配送服务活动没有独立订立合同。附属配送服务合同主要有仓储经营人与保管人在仓储合同中附带配送协议、运输合同中附带配送协议、销售合同中附带配送协议、物流合同中附带配送协议、生产加工合同中附带配送协议等。

（二）按照配送服务合同履行期限进行的分类

依据配送服务合同履行期限，将其分为定期配送服务合同和定量配送服务合同。

定期配送服务合同是指双方决定在某一期间，由配送方为委托人的某些业务按照约定的时间间隔提供配送服务而订立的合同。定量配送服务合同则是指配送人按照委托人的要求，在指定时间范围内按规定批量为委托人提供配送服务而订立的合同。

此外，配送服务合同按照配送委托人身份分为批发配送、零售配送、工厂配送等合同；按照配送物分为普通商品配送、食品配送、水果蔬菜配送、电器配送、原材料配送、零部件配送等合同；按照配送服务地理范围分为市内配送、地区配送、全国配送、跨国配送、全球配送等合同。

三、配送服务合同当事人的权利和义务

配送服务合同的当事人应按照合同约定严格履行合同，任意一方不得擅自改变合同的约定，是双方的基本合同义务。此外，尽管合同没有约定，但是依据合同的目的和法律规定，当事人还需要承担各自的责任。

（一）配送委托人

1. 保证配送物适宜配送

配送委托人需要保证由本人或者其他人提交的配送物适用于配送和配送作业。配送委托人应对配送物进行必要的包装或定型；标注明显的标志并保证配送物能与其他商品相区别；保证配送物可按配送要求进行分拆、组合；配送物能用约定的或者常规的作业方法进行装卸、搬运等作业；配送物不是法规禁止运输和仓储的物品；对于限制运输的物品，需提供准予运输的证明文件等。

2. 保证收货人接收货物

配送委托人保证所要求配送的收货人可正常接收货物，不会出现无故拒收。

3. 处理残料

配送委托人有义务处理配送残余物或残损废品、回收物品、加工废料等。

（二）配送经营人

1. 采取合适的方法履行配送的义务

配送经营人所使用的配送中心具有合适的库场，适用于配送物的仓储、保管、分拣等作业；采用合适的运输工具、搬运工具、作业工具，如干杂货使用厢式车运输，使用避免损害货物的装卸方法，大件重货使用吊机、拖车作业；对运输工具进行妥善积载，使用必要的装载衬垫、捆扎、遮盖；采取合理的配送运输线路；使用公认的或者习惯的理货计量方法，保证理货计量准确。

2. 提供配送单证

配送经营人在送货时须向收货人提供配送单证、配送货物清单。配送清单为一式两联，详细列明配送物的品名、等级、数量等信息，经收货人签署后，收货人和配送经营人各持一联，以备核查和汇总。配送经营人需在一定时间间隔内向收货人提供配送汇总表。

3. 向配送委托人提供存货信息和配送报表

配送经营人需在约定的期间向配送委托人提供存货信息，并随时接受配送委托人的存货查询，定期向配送委托人提交配送报表、收货人报表、残损报表等汇总材料。

4. 接受配送物并承担仓储和保管义务

配送经营人需按配送服务合同的约定接收配送委托人送达的配送物，承担查验、清点、交接、入库登记、编制报表的义务，安排合适的地点存放货物，妥善堆积或上架；对库存货物进行妥善的保管、照料，防止存货受损。

5. 返还配送剩余物

配送经营人不得无偿占有配送剩余物。配送期满或者配送服务合同履行完毕，配送经营人需要将剩余的物品返还给配送委托人，或者按配送委托人的要求交付给其指定的其他人。

（三）收货人

1. 接收货物

收货人提供合适的收货场所和作业条件，并按约定接收物，不得无故拒收。

2. 验收

收货人对接收的配送物有进行理算查验的义务，并签收配送单、注明收货时间。

资料卡

工作餐配送服务合同

甲方（订餐人）：

电话：

银行账号：

开户行：

乙方（工作餐配送服务单位）：

电话：

银行账号：

开户行：

一、工作餐配送服务期限及内容

1. 工作餐配送服务期限：自____年____月____日起至____年____月____日止。

2. 订餐时间：乙方须提供本周食谱菜单供甲方参考，甲方提前以电话或其他方式向乙方下订单，订单内容包括品种、质量、数量、配送时间及特殊要求等。

3. 送餐时间：乙方应于每个工作日的____时____分至____时____分按甲方订餐的份数将盒饭送至甲方大厅处。

二、配送工作餐质量、数量及验收

1. 配送工作餐的质量：乙方提供、配送的工作餐卫生质量必须符合国家相关法律法规规定的标准和本合同的约定。

2. 配送工作餐的数量：乙方提供、配送的工作餐份数必须保证准确、足量。

3. 验收：乙方每次随货提供一式两份的送货清单，甲方验收后由双方人员签字确认，作为送餐凭证。对于不符合质量的工作餐，甲方有权退货或要求乙方换货。

三、工作餐价格及标准

工作餐包括：一份饭、一份菜（荤/素）、一份例汤，共人民币____元。总价按甲方提供的人数确定。

工作餐标准（主菜）：

餐盒及餐具标准：

四、餐费结算和付款时间与方式

1. 餐费结算：每月前两个工作日。

2. 付款时间与方式：银行转账。

3. 发票：

五、甲方权利与义务

1. 甲方有权要求乙方按照合同约定按时按量提供符合安全卫生标准的工作餐和配送服务。

2. 甲方在付款时有权要求乙方提供正规的发票，否则可以拒绝付款。

3. 甲方应按照本合同约定结算用餐费用并付款。

六、乙方权利与义务

1. 乙方应严格执行《中华人民共和国食品安全法》《中华人民共和国食品安全法实施条例》《餐饮服务食品安全监督管理办法》和《餐饮业和集体用餐配送单位卫生规范》等法律法规的规定，并全面履行本合同所约定的义务。

2. 乙方在本合同履行期间，应持有合法有效的《卫生许可证》《餐饮服务许可证》。

3. 乙方必须遵守国家和地方有关环境和卫生的标准，严禁供应腐烂变质的食品，保持菜肴的新鲜。

4. 乙方必须按时向甲方供应工作餐，做到新鲜可口、花样翻新、营养搭配。乙方提供的餐盒、餐具等应符合《食品安全国家标准 消毒餐（饮）具》（GB 14934—2016）规定，做到环保、无毒害。乙方不得重复使用一次性餐（饮）具。

5. 乙方配送时，应采取相关的保温措施，以确保工作餐配送至甲方处的温度保持在____℃以上。

6. 乙方每天均应对制作、加工工作餐的厨房和配餐室的环境卫生进行全面的清洁整理，经常清理内外水池、下水道，确保畅通；清除蚊、蝇、鼠害等。

7. 乙方工作人员和配送人员应当身体健康，并具有食品卫生从业人员健康合格证明。

8. 乙方有权要求甲方就餐后按合同约定及时结算用餐费用。

9. 除本合同约定的费用外，乙方不得收取其他任何额外费用。

七、违约责任

1. 乙方未能按甲方要求的配送时间送至本合同约定的送餐地点，迟延时间在____分钟以内的，应减收本次总餐费的____%作为迟延配送的违约金；迟延时间超过____分钟并在____分钟以内的，甲方有权拒绝接收并要求乙方支付本次总餐费的____%作为迟延配送的违约金。乙方迟延配送超过____次的，甲方有权解除本合同。

2. 乙方违反《中华人民共和国食品安全法》《中华人民共和国食品安全法实施条例》《餐饮服务食品安全监督管理办法》和《餐饮业和集体用餐配送单位卫生规范》等法律法规的相关规定操作或未达到上述规定要求的，甲方有权要求乙方整改；乙方拒绝整改或违反上述规定情形严重的，甲方有权解除本合同。

3. 如乙方因工作餐品种、质量、数量或配送时间不符合本合同约定的标准或甲方订餐内容的，视为乙方违约，甲方有权要求乙方重做、更换、补充或退订，有权要求乙方承担由此造成工作餐配送延误的违约责任，且有权要求乙方赔偿由此给甲方所造成的全部损失。乙方配送的工作餐不符合本合同约定或甲方订餐内容超过____次的，甲方有权解除本合同。

4. 如经相关部门确认因乙方所配送的工作餐的质量问题而造成甲方人员食物中毒或损害健康的，乙方应赔偿由此给甲方造成的全部损失、承担相应的法律后果，并向甲方支付____元（大写金额：____元）违约金，甲方有权解除本合同。

5. 甲方如无故拖欠或拒付餐费的，乙方有权要求甲方按应付而未付餐费的万分之____/天向乙方支付违约金。甲方无故拖欠或拒付餐费金额达____元以上的，乙方有权解除本合同。

八、合同的解除和变更

除本合同约定的情形外，甲、乙双方在合同有效期内均不得单方面变更或解除本合同。如确需变更或终止的，一方须提前三个工作日书面通知对方；否则，违约方应向对方支付____元（大写金额：____元）违约金。

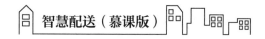

九、其他

1. 本协议履行期间如遇重大疫情、自然灾害等不可抗力因素的影响，遭遇不可抗力的一方应及时通知另一方，双方共同协商解决；同时，遭遇不可抗力的一方应及时采取措施防止损失扩大，否则应就此扩大的损失向对方承担赔偿责任。

2. 本合同项下发生的争议，双方应协商解决或向消费者协会等有关部门投诉；协商、投诉解决不成的，双方同意提交甲方所在地人民法院解决。

3. 经双方签字确认的送货清单，作为本协议附件。协议附件作为本合同的组成部分，与本合同具有同等法律效力。

4. 本合同未尽事宜双方可协商并签订书面补充协议，补充协议作为本合同附件，与本合同具有同等法律效力。

5. 本合同自双方签字盖章之日起生效；本合同一式两份，甲乙双方各执一份，具有同等法律效力。

甲方（公章）：   乙方（公章）：
  年 月 日   年 月 日

任务二　客户服务与管理

一、客户服务的概念

对政治家而言，"得民心者得天下"；对企业来说，"得客户者得市场"。满足客户需求始终是物流企业的重中之重。客户服务是物流企业围绕客户进行的一系列服务。通常把支持大多数客户从事正常生产经营的服务称为基本服务；根据客户需求提供的、超出基本服务范围的各种延伸服务称为增值服务。客户服务水平是衡量物流系统为客户创造时间效用和空间效用能力的尺度，它体现了企业能否留住老客户、赢得新客户的能力，直接影响企业的市场份额占有率，并最终影响企业的盈利能力。在物流企业，客户服务贯穿接收订单到物品送达的全部过程，做好客户服务可以维系老客户，提高客户的满意度和忠诚度，帮助企业树立良好形象。

二、影响物流配送客户服务水平的重要因素

影响物流配送客户服务水平的重要因素有多个方面，这些因素共同决定了客户对物流配送客户服务的整体满意度。

（一）订单准确性

物流配送客户服务需要确保订单的准确性，包括商品数量、规格、型号等，避免出现错发、漏发等情况。这直接关系到客户的满意度和信任度。

（二）性价比

长期以来，价格竞争一直深受商品生产者、经营者重视，性价比高的产品始终是市场导向。谁的物流服务可以提供更好的服务、更高的质量，以及相较之下更低的价格，谁将拥有更多被客户选择的机会。

（三）配送的时效性

客户通常期望在承诺的时间内收到货物，因此配送时效性是衡量客户服务水平的重要指标，快速响应和及时处理订单是提升客户服务水平的关键。物流配送企业需优化流程，合理安排配送路线，提高运输效率，减少不必要的等待和延误，确保订单能够按时、准确送达。

（四）灵活性

灵活性是根据客户需求灵活交付产品的能力。能够根据客户需求定制服务的企业更受客户喜爱。

（五）客户服务质量

客户服务人员的态度、专业知识和解决问题的能力对客户服务水平具有重要影响。企业需加强员工培训，提升客户服务质量，及时解答客户疑问，处理客户投诉。

（六）信息系统完善性

完善的信息系统能够实时跟踪订单状态、提供库存信息、预测配送时间等，有助于提升客户服务水平。企业应加强信息化建设，优化信息系统，为客户提供更好的服务体验。

综上所述，提升物流配送客户服务水平需要从多个方面入手。企业需不断优化服务流程，提升服务质量，以满足客户需求，提高客户满意度。

三、客户服务内容

以物流企业与客户之间建立配送服务关系的时间为节点，可以把客户服务分为交易前、交易中和交易后三个阶段，每一阶段均包括不同的服务因素。

（一）交易前

交易前因素是指交易发生之前，企业为了促使交易的发生而提供的一系列服务。客户据此建立了对企业及其产品或服务的初始印象。

1. 客户服务条例

客户服务条例是物流企业以正式文字说明的书面文件，内容包括如何为客户提供满意服务、客户服务标准、员工职责和业务等。客户服务条例可以增进客户对企业的信任。

2. 客户服务组织结构

客户服务组织结构是企业的全体员工为实现企业目标，在管理工作中进行分工协作，在职务范围、责任、权利方面所形成的结构体系。其本质是为实现企业战略目标而采取的一种分工协作体系，随着物流企业的重大战略调整而调整。明确职责范围，保障和促进职能部门之间的沟通与协作，有利于企业最大限度地提供优质服务，以留住客户。

3．物流系统的应急服务

在缺货、自然灾害、劳动力紧张等突发事件发生时，必须有应急措施保障物流系统正常高效地运作。

4．增值服务

增值服务是为了巩固与客户的合作伙伴关系，向客户提供管理咨询及培训服务等。其具体形式包括发放培训材料、举办培训班、提供管理咨询服务等。

（二）交易中

交易中因素是指从收到客户订单到把产品送至客户的时间内配送中心提供的相关服务。这些因素直接决定了客户服务质量的优劣，对客户满意度影响最大。

1．缺货频率

当需求超过产品可得性时，就会发生缺货。缺货频率是用于衡量一种特定的产品需求超过其可得性的次数。妥善处理缺货问题的目的在于保持客户忠诚度，留住客户。在发生缺货时，物流企业可通过安排合适的替代产品或加速发货来维持客户关系。

2．订货信息

订货信息是为客户提供关于库存情况、订单状态、预期发货和交付日期及延期交货情况的准确信息。

3．订单履行

订单履行是指从接受客户订单到交付产品给客户的过程。订单履行包括接受订单、订单传输、订单处理、订单分拣、产品包装、交付产品等组成部分。监控和管理订单履行的各个组成部分是物流企业的主要任务。

4．特殊货物的配送

有些货物需要采用特殊配送方式，虽然提供特殊配送服务的成本比较高，但是为了维护客户关系，这一服务也是必要的。

5．系统的准确性

系统的准确性主要指订购产品的型号、订货数量和发票的准确性。产品型号错误、订货数量或多或少、发票填写项目出错均会给客户带来不便，严重的甚至会造成企业停产。

6．订货的便利性

订单系统负责管理订单创建、订单确认、订单支付、订单履行、订单完成、取消订单等订单流程，直接接收客户信息，将客户信息转化为产品订单。同时，管理并跟踪订单信息和数据。订货的便利性，直接关系到客户体验，进而影响客户满意程度。

7．产品的替代性

产品的替代性是指某客户订购的产品被同一种但不同尺寸的产品或者另一种相似性能的产品所替代。

（三）交易后

交易后因素是指产品送达客户后的相关服务。这些因素对于提高客户的忠诚度来说至关重要，必须做好规划。

1．安装、质量保证、变更、修理和零部件供应保证

物流企业应确保客户收到的产品能正确安装，并且提供必要的技术支持或指导，以确保产品能够顺利投入使用。物流企业需保证产品符合合同约定的质量标准，如果在规定的时间内产品出现质量问题，物流企业应负责解决，包括维修、更换零部件等，因此物流企业要在产品使用期间确保客户能够及时获得所需的零部件。如果客户在产品使用过程中需要变更产品，包括但不限于产品规格的调整、配置的更新等，物流企业应按照合同约定提供相应的支持。

2．产品跟踪

为避免发生诉讼，物流企业必须进行产品跟踪，做到一旦发生问题，就收回存在潜在危险的产品。

3．客户索赔、投诉和退货

物流企业应明确规定如何处理客户索赔、投诉和退货，保留有关索赔、投诉和退货方面的数据，为物流企业的职能部门提供有价值的信息。

4．临时性的产品替代

临时性的产品替代是指当客户在等待采购的产品和先前采购的产品正被维修时，为客户提供的临时性的替代产品。

四、客户服务改进策略

（一）分类管理客户

客户价值是客户分类的重要依据之一，指标不同，分类方法也有所不同。

1．ABC 分类法

ABC 分类法是根据客户价值将客户群分为 A 类、B 类、C 类三个类别，针对不同类别的客户采取不同的管理方法，并建立科学动态的分类管理机制。

A 类客户，又称贵宾客户或关键客户，一般占总客户数量的 5%，累计提供的利润额占配送中心总利润额的 80%；B 类客户，又称重点客户，一般占总客户数量的 15%，累计提供的利润额占配送中心总利润额的 15%；C 类客户，又称普通客户，一般占总客户数量的 80%（含临时客户），累计提供的利润额占配送中心总利润额的 5%，如表 6-1 所示。

表6-1　客户分类表

客户类别	占总客户数的比例	占总利润额的比例	目标性
A 关键客户	5%	80%	财务利益
B 重点客户	15%	15%	客户价值
C 普通客户	80%	5%	客户满意度

从表 6-1 可以看到，物流企业 80% 的利润来自 5% 的 A 类客户，他们是影响企业生存的关键，是市场上最具战略意义的客户，也是客户管理高度重视的客户群体；对于 B 类、C 类客户，物流企业可以运用有选择发展和维护管理的策略。

2．重要因素分类法

ABC 分类法的不足之处在于只考虑了客户的当前价值，没有考虑客户的潜在价值，容易忽视一些起步晚、成长较快、未来价值高的企业，而一些规模较大但未来价值低的企业被列为 A 类客户，享受优质服务，就降低了企业资源的使用效率。为了弥补这一缺陷，物流企业可以采用重要因素分类法对客户进行分类。

影响企业盈利的因素有内部因素，也有外部因素。重要因素分类法是根据影响企业盈利能力的重要因素组合结果来衡量企业价值、确定客户类型的。

重要因素分类法有四种典型的分类方法：（1）根据客户对企业产品的需求情况和客户规模进行分类；（2）根据现实交易额和客户市场的成长性进行分类；（3）根据客户的信用等级和客户规模进行分类；（4）根据客户的生命周期阶段（签约期、提升期、成熟期、衰退期、离网期）和客户发展潜力（高、中、低）进行分类。

案例：根据现实交易额和客户市场的成长性对现有客户进行分类

（1）分析客户群体。通过可靠途径，了解客户与本配送中心的交易情况和客户的经营情况。

（2）选择具体指标。现实交易额采用上一年度本配送中心的成交额数据；客户市场的成长性采用客户上一年度的销售收入数据。按成交额和客户销售收入将客户分为 A、B、C、D 四类，如图 6-1 所示。

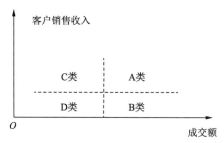

图6-1　客户分类象限图

（3）参照表 6-1，对客户分类并对每类客户采用不同的管理策略，如表 6-2 所示。

表6-2　客户分类管理策略汇总表

分类	客户特点	占营业额的比例	占总客户数的比例	管理策略
A 类	关键客户。具有最大成交额，准时支付账单，具有较高的知名度，并持续购买	70%	5%	高层管理者定期走访，业务主管经常拜访，提供销售折扣；熟悉其经营动态，了解其财务状况、人事状况，以避免坏账风险；优先处理其投诉事件
B 类	主要客户。具有较大成交额和发展潜力，比较容易变为企业的忠诚客户	10%	15%	提供令其满意的服务；提供更好的交易条件；发展战略同盟关系，找出优质客户并发展为 A 类客户
C 类	常规、普通客户。以经济型客户为主	15%	70%	以促销活动吸引，减少推销活动；在其需要时提供帮助；找出有前途的客户并培养为 B 类客户

分类	客户特点	占营业额的比例	占总客户数的比例	管理策略
D类	临时客户（小客户）。忠诚度很低，付款不及时，订单不多，要求多	5%	10%	在与其交往沟通时，减少令其不满意的因素；一般不提供事后跟踪服务

（二）大客户管理策略

通过客户分类，可知关键客户采购量大、客户利润贡献高、忠诚度高，是配送中心的大客户。大客户是企业的伙伴型客户，这部分客户为企业节省了开发新客户的成本，为企业带来了长期利润，并且帮助企业吸引潜在客户，对企业具有战略意义。

1．建立客户互动伙伴关系

建立客户互动伙伴关系是大客户管理的载体，是客户关系管理的难点，更是客户关系发展的终极形式。图 6-2 所示为客户关系的不同阶段。其中，战略合作阶段是客户关系发展的最高阶段。在这个阶段，两个企业会建立定期高层互访机制，将两个企业的资源和能力整合形成整体的核心竞争力，并通过共同投资、股份合作形成更加稳定的利益共同体，还可在新产品研发、质量改进等方面开展密切合作。

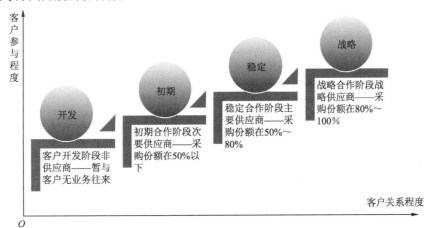

图6-2 客户关系的不同阶段

2．加强客户关怀

客户关怀是指物流企业对其客户从购买服务伊始至购买服务后所实施的全过程、全方位的服务活动，具体包含客户服务（向客户提供信息和服务方案等）、产品质量（各业务环节的可靠性）、服务质量（与企业接触过程中客户的体验）、售后服务（查询、投诉及问题处理）等。客户关怀的目的是增强客户满意度与忠诚度。

（三）客户关系管理的策略

客户关系管理（Customer Relationship Management，CRM）是企业选择和管理有价值客户及其关系的一种商业策略，要求以客户为中心的商业哲学和企业文化来支持有效的市场营销、销售与服务流程。客户关系管理借助一定的信息技术和互联网技术，为客户提供多种交流渠道，为企业提供全方位的管理视角，从而使客户的收益率最大化。

CRM 不仅是一个软件，而且是方法论、软件和 IT 能力综合，是商业策略。在我国，当一个企业开始关注客户关系管理时，往往也伴随着业务流程的调整，通过引入先进的营销管理理念、可借鉴的流程制度及自动化工具，来实现企业的战略目标。

（四）客户满意管理的策略

物流企业想要真正做到客户满意，就必须制定和实施切实可行的有效策略。

1．满足客户需求

为了更好地满足客户需求，物流企业须具有很强的物流运作能力，而要实现这一目标必须建立快速的存货补给系统。存货补给系统主要包括三个部分：高效率的配送中心、高效的运输系统和先进的信息支持系统。

2．关注细节

假设一个员工在 99% 的时间内是可靠的，那么当三人一组时，可靠性就会降到 97%。可见服务的可靠性是递减的，这一规律被称为"客户满意度递减原理"。递减的比率到了一定的界限，客户满意度就会下降。物流企业在进行客户关系管理时一定要关注细节。

3．处理好客户投诉

对待客户投诉要有良好的态度，要认识到客户投诉不一定是坏事。从一定意义上讲，客户投诉往往比客户赞美对配送中心的帮助更大，它可以让物流企业认识到问题出在什么地方，并及时加以改进。如果客户投诉得到了回应，客户就会产生信任感，物流企业的服务水平也因此得以提升。

（五）巩固客户的策略

1．建立物流服务品牌

21 世纪，市场竞争转向产品、服务、营销、文化等全方位的竞争。服务品牌逐步成为很多企业留住老客户、吸引新客户的利器。建立物流服务品牌是具有战略眼光的配送中心巩固客户的方法，是实现利润增长、保持长期发展的有效途径。

2．提高客户满意度

提高客户满意度是巩固客户的关键。通过客户满意度调查，分析影响客户满意的因素，以此确认改进物流配送服务的重心，提升配送中心服务质量。

3．开发物流服务新项目

巩固客户应从开发服务项目开始，物流企业应着力开发核心服务项目，满足客户不断增长的需求，为客户提供优质服务。

4．强化内部客户的管理

内部客户是指组织内部的员工，即企业内部结构中相互有业务交流的那些人。内部客户往往比外部客户对企业的生存和发展更重要。没有外部客户，企业员工可以去发现、去寻找、去发展，而缺乏优秀的内部客户，企业就难以建立起一支高效忠诚的员工群体，也就无从谈及外部客户。而拥有优秀的员工队伍，关键取决于员工的留用率。因此，企业员工（内部客户）的满意是企业获得效益的前提和基础，外部客户是内部客户满意的目标和动力。当内部客户与外部客户的满意统一时，就能实现企业效益的最大化。

5. 改进物流服务质量

随着物流在全球迅猛发展，尤其是经济全球化使得企业的供应链向更广的范围延伸，企业对物流的依赖和要求越来越高。物流服务质量不稳定会对企业造成极大的影响。因此，不断改进并保持优质服务，提升满足物流客户要求的能力是物流配送中心必须考虑的主要问题。

同步训练

1. 简述配送合同中配送合同委托人、配送服务经营者、收货人的权利及义务。
2. 影响物流配送客户服务水平的重要因素有哪些？
3. 简述配送中心客户服务的主要内容。
4. 简述配送中心客户服务的改进策略。

案例分析

疾速城市配送有限公司（以下简称疾速配送）是一家食品配送公司，在 2023 年 12 月与美味食品有限公司（以下简称美味食品）达成口头协议，约定疾速配送向常山地区大型超市配送美味食品生产的水晶饼、春卷、麻花、饼干等食品，收货地点为南国商城的中华店、平安店、友谊店、红旗店、中山店、解放店，以及神州商业的锦绣店、方舟店、育才店等 20 多家商店。双方约定运输费用按每次每店 30 元的方式计算，按月付款。美味食品为疾速配送出具销售结算单，列明每日配送店面数量及次数。双方达成协议后，疾速配送自 2024 年 1 月 2 日起开始配送，配送过程无任何瑕疵和疏忽。但截至 2024 年 6 月 10 日，美味食品并未按约支付任意一笔运输费用。疾速配送认为，其垫付运输成本完成食品配送已达半年有余，美味食品拒不付款的行为属根本违约，严重侵害了疾速配送的合法权益，故向当地人民法院提起诉讼，请求美味食品支付运输服务费、违约金两项合计 41 122.62 元。

请分析：

（1）疾速配送与美味食品之间是否存在配送服务合同？

（2）如果存在配送服务合同，法院会支持疾速配送的请求吗？为什么？

（3）你认为疾速配送与美味食品之间的口头协议可以从哪些方面进行完善？

实训项目

一、实训目标

1. 通过起草配送服务合同掌握配送服务合同的主要内容和条款。

2. 根据配送服务的特点，制订合理的违约责任条款，以减少合同纠纷。

3. 通过模拟实训，提升服务意识和法律风险防范意识。

二、实训内容

以上文中的案例分析——疾速城市配送有限公司与美味食品有限公司合同纠纷为背景，起草一份书面合同，预防可能发生的合同纠纷。

三、实训要求

（一）角色分配

两人一组，一名学生扮演美味食品有限公司（甲方），另一名学生扮演疾速城市配送有限公司（乙方）。

（二）合同起草

合同应包括但不限于以下条款。

1. 合同双方的基本信息。

2. 配送服务的具体内容（配送物品、路线、时间、频率等）。

3. 费用计算方式及支付条款。

4. 货物验收标准和流程。

5. 违约责任。

6. 争议解决方式。

7. 合同的有效期限。

8. 其他特殊条款（如保密条款、保险、赔偿限额等）。

（三）合同磋商

在合同磋商过程中，甲乙双方作为利益相关的两方，都会力求在合同条款中最大程度地保护自己的利益。以下是一些基于各自立场的磋商策略。

1. 甲方（美味食品有限公司）的磋商策略。

（1）服务范围弹性。争取在合同中保留一定的灵活性，以应对生产和销售的波动。

（2）费用和支付条件。争取延长付款期限，以改善现金流。争取将部分费用与服务质量挂钩，以激励乙方提供更好的服务。

（3）货物验收标准。争取简化验收流程，减轻己方的操作负担。

（4）违约责任。限制违约金的数额，避免因小概率事件造成重大财务损失。争取在合同中加入免责条款，如不可抗力条款。

（5）争议解决。争取将争议解决方式设定为对己方更有利的仲裁机构或法院。

（6）合同期限和续约。争取较短的合同期限，以保持灵活性。争取在合同中加入优先续约权。

2. 乙方（疾速城市配送有限公司）的磋商策略。

（1）服务范围明确。明确配送服务的具体内容，包括配送物品的种类、路线、时间点和频率，以避免模糊地带。

（2）费用和支付条件。争取预付款或合理的分期付款条件，确保收入稳定。

争取明确的费用调整机制，以应对燃油价格、人工成本等变动。

（3）货物验收标准。设定合理的货物验收流程和时间，确保有足够的时间进行货物检查。

（4）违约责任。争取对甲方的违约行为设定较高的违约金，以起到威慑作用。明确甲方违约时甲方的补救措施，如取消订单、要求赔偿等。

（5）争议解决。争取将争议解决方式设定为对甲方更有利的仲裁或诉讼地点。

（6）合同期限和续约。争取较长的合同期限和自动续约条款，以保障长期业务稳定。

在磋商过程中，双方都应该保持开放的沟通态度，同时也要准备好在关键问题上坚持己方立场。通过妥协和交换条件，双方可以达成一个双赢的合同。重要的是，双方都应该意识到，合同的目的是建立长期合作关系，而不仅是单次交易的胜利。因此，合同条款应该既保护各自的利益，又促进双方的合作。

（四）合同签订

当双方协商达成一致意见时，签订书面合同。

四、实训报告

总结实训过程，并撰写详尽的实训报告。

项目七

智慧配送质量管理和绩效评价

◎ **知识目标**

1. 理解智慧配送质量管理的含义，掌握智慧配送质量管理评价指标及配送质量管理方法；

2. 理解智慧配送绩效评价的含义及作用，熟悉智慧配送绩效评价流程，掌握配送作业绩效评价指标体系。

◎ **技能目标**

1. 能够运用合适的配送质量管理方法找出物流配送中的质量问题；

2. 能配合人力资源部门设计配送作业绩效评价指标体系；

3. 能够对配送作业过程进行绩效评价。

◎ **素质目标**

1. 树立责任意识和质量意识；

2. 提升分析问题、解决问题的能力；

3. 具备物流作业优化意识，提高工作效率和效益。

知识框架

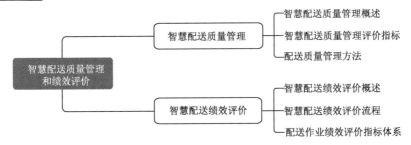

案例导入

近年来，生鲜食品配送越来越受到人们的认可，但是做好生鲜食品配送并不是一件简单的事情。生鲜食品配送是由许多环节组成的，每个环节都需要做好，这样企业才能更好地发展，获得更高的利润。生鲜食品配送企业注重采摘、采购、储存、配送等环节，需要进行科学管理。生鲜食品配送企业的订单量通常很大，客户要求多、要求高，各种数据错综复杂，但是生鲜食品保质期短、易损坏、易变质，其在运输过程中如果受到挤压和碰撞，就容易变形、破裂，很难避免产生损失。在生鲜食品配送服务中，产品稍有瑕疵就容易引起客户的不满，导致客户流失。赵先生是厚土生鲜食品配送公司的经理，面临生鲜食品配送分拣难、统计难、管理难、吸客难、送货难、追踪难等一系列挑战。

思考：

1. 如何加强生鲜食品配送质量管理，提升客户服务水平？

2. 哪些绩效管理措施可以实现降本增效？

任务一 智慧配送质量管理

一、智慧配送质量管理概述

（一）配送质量与配送质量管理

1. 配送质量

配送是指物质的小范围空间转移，它涉及物流的大部分业务，甚至是一个小范围微物流系统。从一般意义上讲，凡具有使用价值的产品和服务，都涉及质量问题。配送质量是指物流企业向社会提供的配送服务能够满足客户需要的程度。配送服务是物流企业的产品，它是无形的。与有形产品相比，配送服务的最基本特征是具有不可感知性。配送活动发生前，客户往往很难确定所能得到的配送质量；配送活动发生后，客户也难以就配送质量做出客观评价和标准核定，难以用检测手段进行检测，而只能根据一定时期内的质量数据进行统计分析和评价。从过程来看，配送无须对货物本身进行太多的加工，但如果保管不当，就会对货物的质量产生影响。因此，配送质量是关系物流企业经营和发展的重要因素。

从满足客户需要的角度，主要可从以下五个方面评价配送质量的优劣。

（1）质量方面

在支付同等费用的情况下，客户希望得到更好的服务。应结合货物的具体特征，对各种配送工具的功能性、可靠性、安全性、经济性做出详细的比较分析。可以说，配送货物的质量反映了客户物质方面的要求。

（2）数量方面

根据配送货物的数量要求和配送工具的情况，综合考虑配送需求，以降低配送费用。

（3）时间方面

尽量缩短货物待运和在途时间，加速货物流通，满足货物的市场供给；确保准时性，保持合理的配送间隔和发货频次，保证货物流动的畅通和及时；尽量做到门对门服务，必要时可提供特殊的即时配送服务。

（4）价格方面

有两种类型的客户，一类客户希望寻找价格低的承运人，另一类客户希望获取特殊、高端的运输服务。前一类客户的目的是获得基本服务，以实现较低价位、保质保量按时交货；后一类客户为了实现自己的竞争战略，愿意为特殊的配送服务承担额外、特殊的费用。

（5）服务方面

客户在接受配送服务的过程中，货物将经过装卸作业人员、驾驶人员、分拣人员、信息人员、单证签发人员等全面系统的全过程服务，这些人员的经验及责任心也是影响配送质量的重要因素。由于涉及事前价格、班次及事中货物跟踪、事后运价核算等一系列的查询处理工作，客户还希望得到快速反应、态度良好、手续简单方便的软性服务。可以说，服务方面反映了客户在精神方面的质量要求。

2. 配送质量管理

配送质量管理是指以全面质量管理的思想为基础，运用科学的管理方法和手段，对物流配送过程的质量及其影响因素进行计划、管理、协调和控制，使配送质量得到持续提升的过程。

配送作业由备货、仓储、流通加工和送达服务4个环节构成。配送质量管理的主要内容体现为这4个环节的质量管理内容。

（1）备货质量。备货是配送的准备工作或基础工作，备货工作包括筹集货源、订货或购货、集货、进货及有关的质量检查、结算、交接等。配送的优势之一是可以集中客户的需求开展一定规模的备货活动。备货质量是决定配送成败的核心基础，如果备货成本太高，会大大降低配送的效益。备货不仅要保证客户的货物质量，还要充分利用配送资源，降低备货成本。

（2）仓储质量。仓储质量包括严格按照仓储合同的规定履行职责、妥善保管仓储物资、有效防范仓储风险、及时响应客户需求、与客户友好合作、为客户提供细致周到的服务和满足客户的质量要求等。

（3）流通加工质量。流通加工是生产加工在流通领域中的延伸。同时，流通加工可以成为具有高附加值的活动。这种高附加值的形成，主要着眼于满足客户的需要，提升服务功能，是贯彻物流战略思想的表现，是一种低投入、高产出的加工形式。流通加工质量是指以最低的成本高效率地满足客户需求，使客户满意。通过提高流通加工质量和效率，可以使客户对物资的品质要求进一步得到保障，并且有助于提高运输效率，减少流通费用。

（4）送达服务质量。送达服务质量是指安全、及时、经济地将物资完好无损地运达目的地。"安全"表现在：运输车辆在运行、停放、站台作业等工作中，不发生行车安全事故，力争减少或消除物资在各运输环节上的损坏、灭失、被盗、短少、变质、错运、漏运等现象，尽量消除危险货物的危险性。"及时"表现在：使物资准点发出、快速运行、及时到达。"经济"表现在：挖掘潜力，最大限度地节省运输生产活动中物化劳动和活化劳动的消耗，降低运输成本，为客户提供质优价廉的运输服务。

（二）智慧配送质量管理的含义

智慧配送质量管理是指结合物联网、大数据、云计算和人工智能等先进技术，运用科学的管理方法和手段，对物流配送过程的质量及影响因素进行全面、实时、智能的管理，以提高配送效率和服务质量。智慧配送质量管理的内容和智慧仓储质量管理类似，是智慧仓储质量管理的一种延续和扩展。

智慧配送质量管理同样离不开全面质量管理。全面质量管理（Total Quality Management，TQM）是指以质量为中心，建立在全员参与基础上的一种管理方法，其目的在于通过让客户满意和本组织所有成员及社会受益而实现组织的长期成功。物流企业全面质量管理是新时期对物流服务质量管理的要求，也是全面质量管理的理论和方法在物流活动中的运用，即将组织管理、专业技术和统计方法结合起来，建立一整套质量管理工作体系，对物流配送业务的质量进行全方位、全要素及全过程的管理。

质量管理的基本工作方法是按照计划（Plan）、实施（Do）、检查（Check）、处理（Act）四个阶段循环运转。由于计划、实施、检查、处理的英文首字母分别是 P、D、C、A，所以将其称为 PDCA 循环，如图7-1所示。目前，PDCA 循环是物流企业质量保证体系运转的基本方式。

图7-1　PDCA循环

PDCA 循环包括四个阶段和八个步骤，具体如下所述。

1. 计划阶段

经过分析研究，确定质量管理目标、项目和拟定相应的措施，其工作内容可分为四个步骤。

第一步：分析现状，找出存在的问题，确定目标。

第二步：找出影响质量的各种原因。

第三步：从影响质量的原因中找出主要原因。

第四步：针对影响质量的主要原因，拟定措施计划。

2. 实施阶段

根据预定目标和措施计划，落实执行部门和负责人。

第五步：执行措施，实施计划。

3. 检查阶段

检查计划实施结果，衡量和考察取得的效果，找出问题。

第六步：检查效果，发现问题。

4. 处理阶段

总结成功的经验和失败的教训，并纳入有关标准、制度和规定，巩固成绩，防止问题重复出现。同时，将本次循环中遗留的问题找出来，以便转入下一个循环。其工作内容可分为两个步骤。

第七步：总结经验，把成功的经验肯定下来，纳入有关标准。

第八步：把没有解决的遗留问题转入下一个循环。

PDCA 循环就是按照以上四个阶段和八个步骤，周而复始地运转。

具体来说，TQM 蕴含以下含义。

1. 强烈地关注客户

TQM 注重客户价值，其主导思想就是"客户的满意和认同是长期赢得市场、创造价值的关键"。因此，全面质量管理要求必须把以客户为中心的思想贯穿到配送业务流程的管理中，即从市场调查、配送服务设计、售后服务等环节都牢固树立"客户第一"的思想。

2. 持续不断地改进

TQM 的管理方法和工具都是为了帮助物流配送企业持续不断地改进服务的质量和可靠性，确保物流配送企业获取竞争对手难以模仿的优势。

3. 改进组织中每项工作的质量

TQM 强调从组织到业务流程的一体化，将形成客户产品服务质量的因素分解到各个流程环节，提升物流配送运营的效率和质量。

4. 形成质量文化

要保证 TQM 能长期执行，就必须形成物流企业的质量文化，将质量的提升与企业的形象、员工的工作环境及客户关系等无形的影响力相关联，使所有员工从爱护自身环境、爱护物流企业形象和关心客户利益的角度出发，自发地相互教育和监督，从而为物流企业持续地创造价值。

5. 精确地度量

TQM 沿用了质量检验和统计——质量管理阶段中形成的成熟工具，并进一步对其进行开发来解决所有物流企业活动中的质量问题。采用统计度量物流企业作业中的每一个关键变量，然后与标准和基准进行比较以发现问题，追踪问题的根源，从而达到消除问题、提高配送品质的目的。

6. 向员工授权

TQM 以团队组织为管理和实践的基础，吸引组织内的所有人员加入改进过程，广泛地采用团队形式作为授权的载体，依靠团队发现和解决问题，最大限度地规避由企业内部壁垒和沟通不畅造成的质量问题。

二、智慧配送质量管理评价指标

（一）智慧配送质量的衡量

如何衡量智慧配送质量是配送企业管理的重点，智慧配送质量主要从以下三个方面来衡量。

1. 配送时间

时间价值在现代社会竞争中越来越凸显，谁能保证时间的准确性，谁就能获得客户。由于配送的重要目标是保证商品送交及时，因此时间成为衡量智慧配送质量的重要因素。

2. 物流配送成本

物流配送成本的降低是物流企业获得利润的源泉。如果从物流业总体费用考虑，降低物流配送成本也是节约社会资源的有效途径。

3. 物流配送效率

对于物流配送企业而言，物流配送效率是指物流配送系统能否在一定的服务水平上满足客户的要求。物流是一项系统工程，物流配送效率直接影响了物流配送质量。

（二）智慧配送质量评价指标

1. 一般性评价指标

（1）安全性评价指标

安全性是配送质量的首要特性，是工作质量的集中体现，包括货物安全和车辆运行安全。如果配送过程中发生安全事故，就会造成货物、车辆的损毁。

（2）完整性评价指标

完整性是配送质量的基本特性，是指完全按照合同要求完成运输过程而未造成货物数量和质量变化的特性。

（3）经济性评价指标

经济性是指以尽可能少的劳动消耗实现产品价值的特性。它一方面要求企业制定最佳配送方案，在保证质量的前提下，降低成本，提高经济效益，追求利润的最大化；另一方面，客户要求企业提供安全及时的配送服务，并且费用支出公平合理，这是配送质量的经济特性。因此，企业要在质量管理上想办法，不断降低成本，同时确保货物安全。

（4）及时性评价指标

及时性是指配送质量的时间特性，它包括三个方面：一是及时，在客户要求的时间内提供服务；二是准时，按准确的时间为客户提供服务；三是省时，在保证安全的前提下，提高配送速度，缩短时间。配送企业应在合同规定的期限内（如果没有合同，则应在客户要求的期限或企业承诺的期限内），将货物送达目的地。配送的速度越快，资金周转就越快，从而加快社会再生产过程，减少货物的在途积压和自然损耗，提高经济效益。对于企业来说，也可以加速车辆的周转，提高设备利用率，同时减少仓储规模、运输车辆需要量。

（5）方便性评价指标

方便性是指尽可能地满足客户需求的特性，包括为客户提供便利服务条件和服务过程的直达性、深入性等，如手续简便、代办包装、开展联运、取货方便、信息公开和咨询、货物在途或到达查询等。服务的方便性评价指标不易量化，通常以客户的主观感受为重点。

2. 服务性评价指标

配送服务是为客户服务的，服务性是配送质量特征的综合表现，一般包括满足客户物质和精神两个方面的需求，或者企业的服务条件和服务态度两个方面。表 7-1 中列出了常用的配送服务质量指标。

表7-1　常用的配送服务质量指标

传统物流	主要指标
配送服务水平指标	服务比率 $=\dfrac{满足要求次数}{客户要求次数}\times 100\%$
	缺货率 $=\dfrac{缺货次数}{客户要求次数}\times 100\%$
满足程度指标	满足程度比率 $=\dfrac{满足客户数量}{客户要求数量}\times 100\%$
交货水平指标	交货比率 $=\dfrac{按期交货次数}{总交货次数}\times 100\%$
交货期质量指标（即交货及时性）	交货及时性 = 规定交货期 - 实际交货期
商品完好率指标	商品完好率 $=\dfrac{交货时完好的商品}{物流商品总量}\times 100\%$
物流配送费用指标	配送费用率 $=\dfrac{配送费用}{配送总量}\times 100\%$

【知识链接】

2013 年 12 月 31 日，国家标准《物流企业分类与评估指标》（GB/T 19680—2013）正式发布，并于 2014 年 7 月 1 日开始实施。该标准明确了物流企业的基本范围和类型，提出了不同类型和档次的物流企业需要达到的规模与水平，制定了评估各类物流企业综合能力的指标。该标准还规定了物流企业的三种类型：运输型、仓储型和综合型。为了能够全面、系统地反映物流企业的综合能力，该标准规定了物流企业的五个等级（即 AAAAA 级、AAAA 级、AAA 级、AA 级及 A 级）以及不同类型、不同级别企业的具体指标。评估指标包括三种不同类型企业经营状况、资产、设施设备、管理及服务、人员管理（人员要求）、信息化水平六个方面的 17～18 项具体内容，使标准更具有指导性、实用性和可操作性。我国综合型物流企业的主要评估指标如表 7-2 所示。

表7-2 我国综合型物流企业的主要评估指标

总目标	第一层指标	第二层指标
物流企业服务等级	经营状况	年物流营业收入、营业时间
	资产	资产总额、资产负债率
	设施设备	自有/租用仓储面积、自有/租用货运车辆、运营网点
	管理及服务	管理制度、质量管理、业务辐射面、物流服务方案与实施、客户投诉率（或客户满意度）
	人员要求	中高层管理人员、基层物流业务人员
	信息化水平	信息系统、电子单证管理、货物物流状态跟踪、客户查询

三、配送质量管理方法

在确定了智慧配送质量管理评价指标之后，接下来就是选择配送质量管理方法。在全面质量管理活动中，要想弄清楚质量问题所在，需要掌握科学的管理方法，用于收集和分析质量数据，分析和确定质量问题，控制和改进质量水平。下面介绍几种常用的配送质量管理方法。

（一）检查表法

检查表法就是将需要检查的内容或项目一一列出，然后定期或不定期地逐项检查，并将问题点记录下来的方法，也称点检表法，例如诊断表、工作改善检查表、满意度调查表、考核表、审核表、5S 活动检查表、工程异常分析表等。表 7-3 所示为 5S 活动检查表。

表7-3 5S活动检查表

检查项目	检查内容	判定（√/×）	问题点
整理（Seiri）	区分必需品和非必需品，清除非必需品		
	工作场所无不用物品堆积		
整顿（Seiton）	必需品定位、定量摆放，标识清晰		
	通道畅通，无阻碍物		
清扫（Seiso）	设备、工具、地面等无灰尘、油污		
	垃圾及时清理，分类存放		

续表

检查项目	检查内容	判定（√/×）	问题点
清洁（Seiketsu）	整理、整顿、清扫制度化，维持成果		
	环境整洁，标识完好		
素养（Shitsuke）	员工遵守规定，养成良好习惯		
	着装规范，工作态度积极		

（二）分层法

分层法是质量管理中常用的整理数据的方法。分层法就是把收集到的原始质量数据按照一定的目的和要求进行分类整理，将原先杂乱无章的数据和因素系统化与条理化，以便进行比较分析的一种方法。分层时应根据分层的目的，按照一定的标志加以区分，把性质相同、在同一条件下收集的数据整理在一起，使同一层次内的数据波动幅度尽可能小，而层与层之间的差别尽可能大，否则就起不到归类汇总的作用。

【案例分析】分层法在物流公司货运责任事故中的应用

某物流公司某年度发生零担货运责任事故较多，损坏是零担货运责任事故中的一项主要因素，可按责任部门进行分层，如表7-4所示。

表7-4　零担货运责任损坏事故统计表

责任部门	件数	百分率	累计百分率
装卸	218 件	56.19%	56.19%
配送	108 件	27.84%	84.03%
仓储	35 件	9.02%	93.05%
包装	25 件	6.44%	99.49%
运输	2 件	0.51%	100.00%
合计	388 件	100.00%	

（三）排列图法

排列图又叫帕累托图。维尔弗雷多·帕累托是意大利经济学家，他是有关收入分布的帕累托法则的首创者。这一法则揭示了"关键的少数和次要的多数"的规律，被广泛应用于各个领域。美国质量管理专家把这一法则引入质量管理领域，使其成为寻找影响产品质量主要因素的一种有效工具。排列图由两条纵坐标、一条横坐标、几个矩形和一条曲线组成。左纵坐标表示频数（件数、金额），右纵坐标表示频率（累计百分率），横坐标表示影响质量的各因素或项目，并按影响程度的大小从左到右排列。用长方形的高度表示各因素频数，曲线表示各影响因素的累计百分率。通常将影响因素分为三类：A类，累计频率为0%～80%，是主要因素；B类，累计频率为80%（不含）～90%，是次要因素；C类，累计频率为90%（不含）～100%，是一般因素。

制作排列图的步骤如下。

（1）收集数据。在一定时期内收集有关产品质量问题的数据。例如，可收集 1 个月、3 个月、半年等时期内的废品或不合格品的数据。

（2）进行分层。列成数据表，即将收集到的数据资料，按不同的问题进行分层处理，每一层可称为一个项目；然后统计各类问题（或每一项目）反复出现的次数（即频数）；将频数从大到小依次列成数据表，作为计算和作图时的基本依据。

（3）进行计算。计算出每类问题在总问题中的百分率，然后计算出累计百分率。

（4）作排列图。根据上一步计算出来的数据作图，需要注意的是，累计百分率应标在每一项目的右侧，然后从原点开始，点与点之间以直线连接，从而绘制出帕累托曲线。

【案例分析】某物流配送企业关于客户投诉原因的排列图分析

某物流企业在进行质量管理时，依据一定时间内的客户投诉原因进行统计。其中，服务态度恶劣被投诉 38 次，送货延迟被投诉 25 次，有货损货差被投诉 13 次，服务种类过少被投诉 6 次，其他原因被投诉 3 次。排列各种投诉原因，计算投诉比率和累计比率，如表 7-5 所示。根据表 7-5 所示的数据绘制投诉原因分析图，如图 7-2 所示。

表7-5 某物流企业客户投诉原因统计表

因素	投诉原因	投诉次数	投诉比率	累计比率
1	服务态度恶劣	38	44.7%	44.7%
2	送货延迟	25	29.4%	74.1%
3	有货损货差	13	15.3%	89.4%
4	服务种类过少	6	7.1%	96.5%
5	其他原因	3	3.5%	100.0%

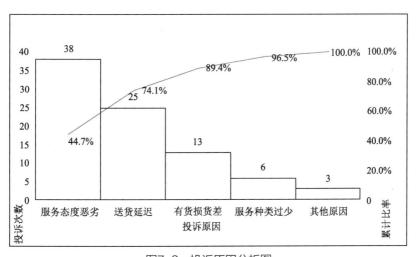

图7-2 投诉原因分析图

（四）因果分析图法

因果分析图法又叫树枝图法、鱼刺图法，表示质量特性波动与其潜在原因的关系，也就是以图表达结果（特性）与原因（要因）之间的关系。完整的因果分析图有助于找出问题的症结，以供采取相应的对策解决质量问题，它是寻找质量问题产生原因的一种有效工具。因果分析图的具体绘制过程将在智慧配送绩效评价中进行详细解释。

（五）直方图法

直方图法又称质量分布图法，是通过对测定或收集的数据加以整理，来判断和预测运营过程中质量不合格品率的一种常用工具。直方图法作为一种过程分析工具，在制造业中的运用已取得极大的成功，在物流业中的运用尽管不够普遍，但随着物流的发展会被越来越多的人采用。当观察到的直方图不是正态的形状时，需要及时加以研究。例如，出现平顶型时，可以检查有无缓慢变化的因素；又如，出现孤岛型时，可以检查物流设备是否发生故障等。这样便于及时发现问题，采取措施，改进质量。

（六）散布图法

散布图又称为相关图，是用来研究两个变量之间是否存在相关关系的一种图形。在质量问题原因的分析中，常会接触到各个质量因素之间的关系。这些变量之间的关系往往不能进行解析，不能由一个（或几个）变量的数值精确地求出另一个变量的值，称为非确定性关系（或相关关系）。散布图就是将两个非确定性关系变量的数据对应列出，标记在坐标图上，观察它们之间的关系的图表，表7-6所示为散布图关系分析表。

表7-6　散布图关系分析表

图形	(1)	(2)	(3)	(4)	(5)	(6)
X与Y关系	强正相关。X变大时，Y也变大	强负相关。X变大时Y变小，X变小时Y变大	弱正相关。X变大时，Y大致变大	弱负相关。X变大时，Y大致变小	不相关。X与Y无任何关系	X与Y不是线性关系
说明	X、Y之间，可以用直线表示。一般控制住X,Y也能得到相应的控制		除X因素影响Y外，还要考虑其他的因素（一般可进行分层处理，寻找其他的因素）		不必计算其相关系数	

除了上述方法外，物流企业还可以使用控制图、六西格玛、回归分析、时间序列分析、流程图、故障模式与效应分析、数据可视化等方法进行配送质量管理。这些方法可以单独使用，也可以组合使用，以适应不同的物流配送质量管理需求。例如，控制图可以单独用来监控配送的及时性，而回归分析和时间序列分析可以结合使用来预测节假日期间的物流需求。通过这些统计工具的应用，物流企业能够更有效地管理和优化其配送服务，提高整体的服务质量。

任务二　智慧配送绩效评价

一、智慧配送绩效评价概述

（一）绩效与绩效评价

1. 绩效

绩效是指组织或个人为了达到某种目标而采取的各种行为的结果。从管理学的角度看，绩效包括组织绩效、部门绩效和个人绩效三个层面。绩效的三个层面之间是支撑与制约的关系，个人绩效水平支撑着部门绩效水平，部门绩效水平支撑着组织绩效水平；反过来，组织绩效水平制约着部门绩效水平，部门绩效水平制约着个人绩效水平。

绩效管理的核心目的在于不断提高员工和组织的绩效。这包括提升员工的工作能力、激发其工作积极性，以及实现组织目标，最终提升企业的整体竞争力。

2. 绩效评价

绩效评价是指组织依照预先确定的标准和一定的评价程序，运用科学的评价方法，按照评价的内容和标准对评价对象的工作能力、工作业绩进行定期和不定期的考核与评价。进行工作绩效评价的原因有许多，一方面，绩效评价所提供的信息有助于企业判断应当做出何种晋升或工资方面的决策；另一方面，绩效评价为企业管理者及其下属人员提供了一个机会，使管理者能够相对客观地对下属人员的工作行为进行审查。

（二）智慧配送绩效评价

1. 智慧配送绩效评价的含义

智慧配送绩效评价是指运用科学、规范的评价方法，对企业一定经营时期内的配送活动的经营业绩和效率进行定量及定性对比分析，获取关于任务完成水平、取得效益、付出代价的信息，进而在管理活动中利用这些信息不断控制和修正工作的一个持续的动态管理过程。与一般传统企业绩效评价相比，配送企业绩效评价具有自身的特点。配送企业绩效评价除了要反映岗位任务完成情况，还要对业务流程做出评价，能全方位反映配送整体运作情况，着重反映客户需求的落实情况，并且能提供实时分析功能。智慧配送绩效评价是配送企业绩效管理的重要环节，它为配送企业如何改进管理绩效提供具体依据。

2. 智慧配送绩效评价的作用

（1）提供管理决策依据。评价配送企业整体运行效果，了解其在同行业竞争中的优劣地位，为拟定和调整企业战略、目标、计划、投入预算等提供决策依据。

（2）促进企业绩效持续改进。评价配送企业的内部流程作业和外部客户服务绩效，及时发现存在的问题，持续改进流程安排和作业方式、方法和条件；评价与反馈员工的业绩和行为，帮助员工提高工作绩效。

（3）用于责任考核与激励。评价员工和团队对企业的贡献，为企业实施奖惩、调整薪酬、变动职务等提供客观依据；激发员工潜能，提高工作满意度，增强团队凝聚力，促进企业形成以绩效为导向的文化。

（4）用于其他人力资源安排。发现员工和团队的培训与教育需要，修订员工职业生涯规划，做出招聘选择和工作分配决策，为人力资源规划提供有用的信息。

二、智慧配送绩效评价流程

智慧配送绩效评价是一项复杂的工作，应明确按照评价规则有计划、有组织、按步骤地进行，这样才能保证绩效评价工作顺利进行，取得客观准确的结论。智慧配送绩效评价流程如图 7-3 所示。

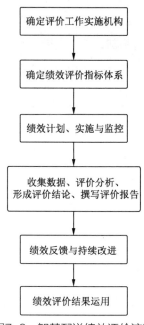

图7-3 智慧配送绩效评价流程

（一）确定评价工作实施机构

为了确保评价结果客观公正及评价过程顺利进行，配送企业需要成立专门的评价实施机构。一般有两种方法：一是由评价组织机构直接实施评价，评价组织机构负责成立评价工作组，选聘有关专家组成专家咨询组；二是委托社会中介机构实施评价，先选择社会中介机构，并签订评价委托书，然后由社会中介机构成立评价工作组和专家咨询组。

（二）确定绩效评价指标体系

把企业关键绩效指标逐一分解为部门关键绩效指标，以确定各部门的主要评价活动和关键评价点绩效指标，最终分解落实到每个岗位，形成员工行为与结果共同构成的岗位绩效指标体系。

（三）绩效计划、实施与监控

评价工作组根据企业有关规定制定配送绩效评价工作方案，经由评价组织机构批准后开始实施，并送专家咨询。其内容包括：评价对象、评价目的、评价依据、评价项目负责人、评价工作人员、时间安排、评价方法与标准、准备评价资料及有关工作要求等。

员工对自己的绩效目标做出承诺。在绩效评价实施期间，管理者要对员工的工作过程进行指导和监督，针对发现的问题要及时予以解决，并根据需要对绩效计划进行调整。

（四）收集数据、评价分析、形成评价结论、撰写评价报告

绩效评价实施过程中和结束后，根据评价工作方案的要求及评分的需要，收集、核实、整理基础资料和数据，依据预先确定的评价方案与标准统计计分，对照绩效目标进行综合分析评价，并形成综合评价结果。然后，将配送作业绩效的综合评价结果，分别与企业自身的历史综合评价结果、同行业规模相当的企业或代表行业内先进水平的标杆企业的配送作业绩效综合评价结果进行比较分析，通过对配送作业绩效进行深入细致的分析判断，形成综合评价结论，并听取企业有关方面负责人的意见，进行适当的修正和调整，使评价结论更客观、准确和全面地反映企业配送活动的实际情况。

评价结论形成以后，评价工作者要按照格式要求对结果的形成原因进行讨论、分析和总结，撰写企业配送作业绩效评价报告。评价报告的主要内容包括评价结果、评价分析、评价结论及相关附件等。完成报告后，经评价项目主持人签字，报送评价组织机构审核认定，如果是委托中介机构进行评价的，则需要加盖中介机构单位公章，方能生效。

（五）绩效反馈与持续改进

通过绩效反馈面谈，员工了解主管期望和本人实际绩效，得到指导和帮助。双方就绩效评价结果和改进点达成共识后，共同商定调整下一轮绩效周期、绩效目标和改进点。

（六）绩效评价结果运用

根据绩效评价结果，有针对性地开展员工教育与培训，以此决定对员工的奖惩、薪酬调整和相应人事变动等。

三、配送作业绩效评价指标体系

（一）配送作业绩效评价指标含义

配送作业绩效评价指标是反映配送流程作业环节及其整体作业效率与效果、衡量配送作业管理水平的尺度，是配送企业对内加强流程作业管理、对外提升客户服务水平的重要工具。

关键绩效指标（Key Performance Indicator，KPI）是通过对组织内部某一流程的输入端、输出端的关键参数进行设置、取样、计算、分析，衡量流程绩效的一种目标式量化管理指标，是把企业的战略目标分解为可运作、可测量目标的工具，是企业绩效管理系统的基础和关键。

配送作业绩效评价指标涉及配送作业绩效管理的方方面面，体系庞杂，现代企业普遍采用"二八原理"，仅甄选出少数的KPI进行评估。KPI只需对企业的少数关键行为进行分析和衡量，就能抓住业绩评价的重心。它的优点是数量有限，标准鲜明，易于做出评估；缺点是对简单的工作制定标准难度较大，缺乏一定的定量性，对其他非关键内容缺少一定的评估，应用时需要适当注意。

需要强调的是，评价指标不是一成不变的，当公司业务变化时，有些指标会变得更重要，而有些指标则变得无关紧要，甚至变得完全没有必要。因此，企业应定期检查评价指标，使它们能真实反映企业的业务，即缺什么、评什么，要什么、评什么。

评价指标是否合理有效是绩效评价工作成败的关键。制定绩效评价指标要遵循 SMART 原则。SMART 原则具体介绍如下。

（1）具体（Specific），指定的指标须具体明确。

（2）可度量（Measurable），指标要量化，不能量化的指标就要细化。

（3）可实现（Attainable），通过最大努力最终可达成指标，避免设立无效目标。

（4）现实性（Realistic），指标是实实在在的，可以证明和观察到。

（5）时限性（Time bound），指标需在特定的期限内完成，保证时效。

表 7-7 是某生鲜配送中心分拣员岗位职责表，可以看出，该配送中心员工的岗位职责需要量化，量化时遵循 SMART 原则。

表7-7　某生鲜配送中心分拣员岗位职责表

岗位名称	分拣员	岗位编码	006
所在部门	仓储部门	岗位定员	12 人
直接上级	分拣主管	直接下级	无
隔级上级	仓储经理	班制	8:00—20:00

岗位工作

1. 收货、验货

2. 分拣：指定数量、质量分拣

3. 投框：将分拣货品投放到对应的框内

工作要求

1. 按时完成负责品类的货品分拣

2. 分拣时做到无不良商品，并控制损耗率低于 2%

3. 及时完成缺货商品的系统上报

4. 分拣无漏分、错分，投框正确

权利

1. 根据公司标准拒绝分拣不良商品

2. 根据实际情况进行商品的调整

3. 拒绝分拣不符合客户要求的商品

责任

1. 对商品的品质和数量负责

2. 把控分拣时效，不影响装车送货

3. 负责收集供应商提出的合理化建议

工作标准及考核要点

1. 分拣是否有错品、坏品、多品、少品

2. 分拣车间是否控制损耗

3. 库存是否准确

4. 分拣车间是否干净、整洁

此外，选择评价指标时，还应遵守与企业战略目标相一致；与评价目的高度相关；控制指标数量（抓住关键绩效指标足以将员工行为引向企业战略目标）；员工素质、行为和业绩并重；突出绩效的市场驱动特性；个体绩效、流程绩效与整体绩效并重等原则。

（二）配送作业绩效评价指标体系

1. 配送作业绩效评价指标体系的构成

目前人们尚未制定出统一的配送绩效衡量标准，不同企业选用的配送作业绩效评价指标体系可能存在差异，但大多是对作业环节进行局部绩效衡量与对配送作业活动一体化效果进行综合衡量。一般而言，配送作业绩效评价指标体系由以下五个方面构成。

（1）配送作业质量。配送作业最直接的目的是将货物保质、保量、按时、准确地送达，因此衡量配送作业质量的指标包括货物送达时的货物完好率、货物误差率、准时送货率、单证正确率、送货准确率、无误交货率等。

（2）配送作业成本。配送作业成本直接影响配送服务价格和企业利润，主要包括运输成本、装卸成本、储存成本、流通加工成本及操作失误赔偿等。衡量配送作业成本的指标包括配送费用占货物价值比率、平均配送费用、单位货物运输成本、平均装卸成本、平均流通加工成本、百公里运输油耗、百公里车辆修保费、货损货差赔偿费率等。

（3）配送作业效率。配送作业效率主要体现了配送工作人员的劳动生产率、设施设备的利用率和运转效率、配送作业管理水平。衡量配送作业效率的指标包括订单响应时间、收发货时间、车辆利用率、车辆实载率、运力利用率、总运力贡献率、平均配送速率、单位时间配送量、进出货时间占比等。

（4）配送作业安全。配送作业安全一般从货物安全和人员安全两方面进行评价。衡量配送作业安全的指标包括火灾、盗窃、货物湿损、锈损、鼠咬、虫蛀等事件发生次数及其预防措施的合规性，危险品装卸储运作业的操作规范情况，配送作业过程中的工伤、事故频率、安全行车间隔里程等。

（5）客户服务效果。客户服务效果指的是外部客户与市场对配送作业质量的反馈。衡量客户服务效果的指标包括客户抱怨率、客户意见处理率、市场占有率、客户忠诚度、新增客户量等。

2. 配送作业环节绩效指标体系

配送作业环节绩效指标体系主要包括设施、设备、人员、订单效益、作业时间、作业规划与管理水平、成本率、质量水平八个要素。按照配送环节和工作内容描述，常用的配送作业绩效评价量化指标主要包括以下几个方面，应用评价指标时应结合评价目的和评价对象进行适当调整。

（1）进出货作业绩效评价指标。进货作业包括从车辆上卸下货物、搬运、堆码、核对数量和质量、接收签单及将有关信息书面化等一系列工作。出货作业是将拣取分类完成的货物进行出货核查后，根据各车辆和配送路线将货物搬至出货准备区，然后装车配送的物流活动。进出货作业绩效评价指标体系如表7-8所示。

表7-8　进出货作业绩效评价指标体系

指标	计算公式
月台使用率	$\dfrac{进（出）货车次装卸停留总时间}{月台泊位数×工作天数×每日工作时数}×100\%$
月台高峰率	$\dfrac{高峰车数}{月台泊位数}×100\%$
每人次处理进（出）货量	$\dfrac{进（出）货量}{进（出）货人员数×工作天数×每日工作时数}$
进（出）货时间率	$\dfrac{进（出）时间}{每日工作时数}×100\%$
每台进（出）货设备每天的装卸货量	$\dfrac{出货量+进货量}{装卸设备数×工作天数}$
每台进（出）货设备每小时的装卸货量	$\dfrac{每台进（出）货设备每天的装卸货量}{每日工作时数}$

（2）储存作业绩效评价指标。储存作业是指对存货或物品进行妥善保管，充分利用仓库空间，注重库存控制，减少资金占用，降低保管成本，减少积压、过期、变质物品的物流活动。储存作业绩效评价指标体系如表7-9所示。

表7-9　储存作业绩效评价指标体系

指标	计算公式
储位容积利用率	$\dfrac{存货总体积}{储位总容积}×100\%$
储区面积率	$\dfrac{储区面积}{配送中心建筑面积}×100\%$
平均每品项所占储位数	$\dfrac{货架总储位数}{总品项数}$

指标	计算公式
库存周转率	$\left(\dfrac{出货量}{平均库存量}-\dfrac{营业额}{平均库存金额}\right)\times 100\%$
库存管理费率	$\dfrac{库存管理费用}{平均库存量}\times 100\%$
呆废料率	$\dfrac{呆废料件数}{平均库存量}\times 100\%$

（3）盘点作业绩效评价指标。进行盘点的目的是通过定期或不定期盘点库存，及早发现问题，以免造成日后出现更大的损失。盘点作业时，以盘点过程中发现的存货数量不符的情况作为评估重点。盘点作业绩效评价指标体系如表 7-10 所示。

表7-10　盘点作业绩效评价指标体系

指标	计算公式
盘点数量误差率	$\dfrac{盘点误差点数量}{盘点总数量}\times 100\%$
盘点品项误差率	$\dfrac{盘点误差品项数}{盘点实际品项数}\times 100\%$
平均盘差品金额	$\dfrac{盘点误差金额}{盘点误差量}$

（4）订单处理作业绩效评价指标。由接到客户订单到着手准备拣货之间的作业阶段，包括订单资料确认、存货查询、单据处理等。订单处理作业绩效评价指标体系如表 7-11 所示。

表7-11　订单处理作业绩效评价指标体系

指标	计算公式
订单延迟率	$\dfrac{延迟交货订单数}{订单数量}\times 100\%$
订单货件延迟率	$\dfrac{延迟交货量}{出货量}\times 100\%$
货物速交率	$\dfrac{12 小时内的发货订单}{订单数量}\times 100\%$
缺货率	$\dfrac{缺货数}{出货量}\times 100\%$
短缺率	$\dfrac{出货品短缺量}{出货量}\times 100\%$

（5）拣货作业绩效评价指标。拣货作业是配送作业的中心环节，是依据客户的订货要求或配送中心的送货计划，尽可能迅速、准确地将商品从其储位或其他区域拣取出来，并按一定的方式进行分类、集中、等待配装送货的物流活动。拣货时间、拣货策略及拣货的精确度影响出货品质。拣货作业绩效评价指标体系如表7-12所示。

表7-12 拣货作业绩效评价指标体系

指标	计算公式
拣货时间率	$\dfrac{每日拣货时数}{每日工作时数}\times100\%$
每人次拣货品项数、件数、体积数	$\dfrac{拣货总笔数（件数或体积数）}{拣货人数\times每日拣货时数\times工作天数}$
拣货责任品项数	$\dfrac{总品项数}{拣货区域数}$
拣货品项移动距离	$\dfrac{拣货移动距离}{订单总笔数}$
批量拣货时间	$\dfrac{每日拣货时数\times工作天数}{拣货分批次数}$
每批量的订单数、品项数、拣货次数	$\dfrac{订单数量}{拣货分批次数}$
每订单投入拣货成本	$\dfrac{拣货成本}{订单数量}$
拣误率	$\dfrac{拣错笔数}{拣货单位的总件数}\times100\%$

（6）送货作业绩效评价指标。送货作业是指从配送中心按照客户要求将货品送达客户处的活动。适量的送货人员、适合的配送车辆、最佳的送货路线相结合才能实现有效配送。送货作业绩效评价指标体系如表7-13所示。

表7-13 送货作业绩效评价指标体系

指标	计算公式
人均送货量	$\dfrac{送货量}{送货人员数}$
平均每辆车送货量	$\dfrac{送货总材积}{自车数量+外车数量}$
车辆作业率	$\dfrac{送货总次数}{（自车数量+外车数量）\times工作天数}\times100\%$

续表

指标	计算公式
平均每车次送货吨公里数	$\dfrac{送货距离 \times 送货总重量}{送货总成本}$
空驶率	$\dfrac{空车行驶距离}{送货总距离} \times 100\%$
外车比例	$\dfrac{外车数量}{自车数量 + 外车数量} \times 100\%$
送货成本比率	$\dfrac{自车送货成本 + 外车送货成本}{送货总费用} \times 100\%$
每公里送货成本	$\dfrac{自车送货成本 + 外车送货成本}{送货总距离}$
每材积送货成本	$\dfrac{自车送货成本 + 外车送货成本}{出货品材积数}$
每车次送货成本	$\dfrac{自车送货成本 + 外车送货成本}{送货总车次}$
送货延误率	$\dfrac{送货延误车次}{送货总车次} \times 100\%$
送货短缺率	$\dfrac{出货品短缺数}{出货量} \times 100\%$

（7）采购作业绩效评价指标。物流配送企业选择供应商的形式不同，采购成本也不相同。物流配送企业将一定时限内的不同客户需求进行整合归并，形成集中批量采购的规模优势，采用公开招标形式选择供应商，可获得较大折扣的价格。此外，物流配送企业尚需衡量采购与库存策略的合理性，以降低货品采购储存总费用。一般来说，高价货品宜少批量、多批次订购，低价货品宜大批量、少批次订购。采购作业绩效评价指标体系如表 7-14 所示。

表7-14 采购作业绩效评价指标体系

指标	计算公式
出货品采购成本率	$\dfrac{出货品采购成本}{营业额} \times 100\%$
货品采购储存总费用	采购作业费用 + 库存管理费用

（8）补货作业绩效评价指标。补货作业是指将货物从仓库保管区域搬运到拣货区以满足拣货作业需求。日常补货时，可以使用表 7-15 中的三个指标衡量补货作业的质量。

表7-15 补货作业绩效评价指标体系

指标	计算公式
补货数量误差率	$\dfrac{补货差错数量}{补货量} \times 100\%$
补货次品率	$\dfrac{补货不合格率}{补货量} \times 100\%$
补货延迟率	$\dfrac{延迟补货数量}{补货量} \times 100\%$

（9）其他绩效评价指标。其他绩效评价指标主要包括配送中心资产运营、财务收益、人员等的评估。例如，配送中心资产运营绩效评价指标体系如表 7-16 所示。

表7-16 配送中心资产运营绩效评价指标体系

指标	计算公式
配送中心单位面积效益	$\dfrac{营业额}{建筑总面积}$
人均生产量	$\dfrac{出货量}{企业总人数}$
人均生产率	$\dfrac{营业额}{企业总人数} \times 100\%$
间接工比率	$\dfrac{作业人数}{企业总人数 - 作业人数} \times 100\%$
设备投资效益	$\dfrac{营业额}{固定资产总额}$
人均装备率	$\dfrac{固定资产总额}{企业总人数} \times 100\%$
产出与投入平衡率	$\dfrac{出货量}{进货量} \times 100\%$
每天营业额	$\dfrac{营业额}{工作天数}$
营业支出占营业额比例	$\dfrac{营业支出}{营业额} \times 100\%$

3. 顾客服务绩效指标体系

（1）顾客服务绩效指标体系设计

顾客服务绩效是指各配送流程作业绩效在企业层级面对顾客的整体表现。提供顾客满意的产品和服务，建立和维护良好的客户关系，获取预期市场份额和利润，支持企业战略实现，是顾客服务绩效指标体系的内在逻辑关系链。企业战略的精髓在于选择做什么、不做什么和做到什么程度。因此，配送企业对市场、顾客和服务的战略定位，决定了配送企业顾客服务绩效指标的取舍。

配送企业顾客服务绩效指标包括企业内部可控因素和市场不可控因素两部分。企业内部可控因素是指服务价格、服务质量和其他管理能力，对应的是事前积极导向指标；市场不可控因素是指顾客和市场的反应，对应的是事后的结果评价指标。

企业内部可控因素包括以下几个方面。

① 服务价格。应将其与市场中同行业、同类型的服务价格进行比较。其应定位于配送企业内部作业成本控制，同时反映企业战略意图。

② 服务质量。其包括交货及时性、准确性、可靠性、交货完好率、服务态度等，取决于各配送作业环节绩效的整体表现。

服务价格及服务质量均属于客户服务的主要特征。有些顾客不会在服务档次方面提出要求，但希望得到尽可能低的价格的基本服务，另一些顾客为实现自身竞争战略，希望能为其提供特殊服务，并愿意支付额外费用。

市场不可控因素包括以下几个方面。

① 顾客关系。其包括对顾客需求的快速反应，对顾客抱怨的及时处理，与顾客沟通的方便性，以及向顾客做出长期服务承诺等。

② 形象和声誉。对外交往中的形象和声誉的宣传与维护可以在顾客面前展示企业优势，吸引顾客和维护顾客忠诚度，包括主动公关和危机处理，这需要每位配送作业人员共同参与。

③ 市场份额。一般在确定顾客群体或市场领域之后，评价本企业的市场占有率。

④ 顾客的忠诚度。留住顾客是所有配送企业的愿望，一般通过评价与现有客户进行的反复交易状况来评价顾客的忠诚度。

⑤ 顾客满意程度。只有在顾客接受配送服务时完全满意或极为满意的情况下，配送企业才能指望顾客进行反复交易。

⑥ 顾客开发。配送企业若想扩大自己的市场份额，就应争取更多的顾客，通过新增顾客的数量或新增顾客的采购总额进行评价。

⑦ 从顾客处获取利润。配送企业不仅评价与顾客的交易量，还要评价这种交易是否有利可图。对于有些顾客，配送企业尽管无利可图，但能看到很大的增长潜力，不可忽视；对于有些顾客，配送企业与之交易多年仍然无利可图，则应尽快放弃。

（2）确定顾客服务绩效评价指标

确定关键顾客的满意指标是前提。顾客满意指标的设计核心是确定产品或服务在多大程度上满足顾客的期望和要求，而期望和要求可以归纳为一系列绩效指标，这些指标可以判断一个配送企业的可接受程度。

配送企业确定顾客满意指标可以依据两条原则：一是绩效指标对顾客而言必须是重要的；二是绩效指标必须能够控制，可以结合定量和定性研究方法进行确定，这些方法包括深入访谈、电话访问、网络调查等。

绩效评价机构初拟顾客服务绩效评价指标时，需要先与企业内部的送货、订单处理、业务销售、顾客服务等人员进行沟通修订，接下来通过与顾客的访谈进行筛选、确定。可以用统计方法选择最终的绩效指标系列，再征求专家意见加以修改、补充，提交企业领导审核确认，这样得到的绩效评价指标不仅在统计方面有效，在逻辑方面也可测量顾客满意度，在操作上还易于本企业推行。最后，顾客服务绩效指标还需根据绩效评价及评价结果应用之后的效果等进行修订，使指标体系更加完善。

（3）顾客服务绩效问题分析工具——鱼骨图

鱼骨图是由日本质量管理大师石川馨创制的，故又名石川图，是一种用于发现问题"根本原因"的分析方法。鱼骨图的特点是简洁实用，深入直观。它看上去有些像鱼骨，问题或缺陷（即后果）标在"鱼头"处。在鱼骨上画出鱼刺，上面按出现机会多少列出产生问题的可能原因，这有助于说明各个原因是如何带来相应的后果的。

鱼骨图分为三类：整理问题型鱼骨图（各要素与特性值间不存在原因关系，而是结构构成关系）、原因型鱼骨图（鱼头在右，特性值通常以"为什么……"来写）、对策型鱼骨图（鱼头在左，特性值通常以"如何提高/改善……"来写）。

鱼骨图的制作步骤如下。

第一，分析问题原因/结构。

A. 针对问题点，选择识别方法（如人、机、料、法、环等）。

B. 通过头脑风暴分别针对各层别类别找出所有可能原因（因素）。

C. 将找出的各要素进行归类、整理，明确其从属关系。

D. 分析选取重要因素。

E. 检查各要素的描述方法，确保语法简明、意思明确。

分析要点如下。

a. 确定大要素（大骨）时，现场作业一般从"人、机、料、法、环"着手，管理类问题一般从"人、事、时、地、物"层面视具体情况决定。

b. 大要因必须用中性词描述（不说明好坏），中、小要因必须使用价值判断（如……不良）。

c. 进行头脑风暴时，应尽可能多且全地找出所有可能原因，而不仅限于自己能完全掌控或正在执行的内容。对"人"的原因，宜从行动而非思想方面着手分析。

d. 中要因与特性值、小要因与中要因之间有直接的原因-问题关系。

e. 如果某种原因可同时归属于两种或两种以上因素，请以关联性最强者为准（必要时考虑三现主义，即"现时到现场看现物"，通过相对条件的比较，找出相关性最强的要因归类）。

f. 选取重要原因时，不要超过7项，且应标识在最末端原因。

第二，鱼骨图绘制过程。

填写鱼头（按为什么不好的方式描述），画出主骨→画出大骨，填写大要因→画出中骨、小骨，填写中、小要因→用特殊符号标出重要因素。

注意：绘图时，应保证大骨与主骨的夹角为 60 度，中骨与主骨平行。

 同步训练

1. 简述配送质量管理和智慧配送质量管理的含义。
2. 简述智慧配送质量评价指标体系。
3. 简述常见的配送质量管理方法及其适用情况。
4. 简述智慧配送绩效评价。
5. 配送作业绩效评价指标由哪几个方面构成？
6. 配送作业环节绩效指标体系和顾客服务绩效指标体系分别包括哪些指标？

 案例分析

千里物流公司对配送中心进行分区管理，仓库的拣货作业由专人负责，同时负责各区域的货物管理。仓库经理发现拣货作业完成后，盘点时发现部分产品短少，且经过反复核对，当日出货拣货无误。

请你用鱼骨图方法分析产品短少的原因，并制定对应的处理措施。

提示：制度、系统、人员、环境、设备是影响拣货作业的五大因素。

实训项目

一、实训目标

1. 掌握智慧配送质量管理的基本理论。

2. 学习如何通过调研和分析来识别配送中心存在的质量管理问题，并据此制定有效的解决策略。

3. 提升学生的实际调研能力和数据分析能力。

二、实训内容

对学校所在地区的某智慧配送中心进行实地调研，全面审视其配送过程中的质量管理实践。通过细致的观察、访谈和数据分析，识别该配送中心在质量管理方面存在的具体问题和潜在的改进空间。基于调研所得的分析结果，制定一套有针对性的改进方案，旨在提升配送中心的质量管理水平，确保其运营效率和服务质量得到持续优化。

三、实训要求

1. 明确实训目标和实训内容，确定项目时间表，合理分配任务，加强团队成员之间的分工协作，确保按时完成项目。

2. 根据实训内容确定访谈提纲，设计调查问卷。

3. 到某智慧配送中心进行实地调研，收集关于质量管理的数据和信息。

4. 对收集到的数据进行整理和分析，识别质量管理中的问题和改进点。

5. 基于分析结果，制定改进智慧配送中心质量管理的方案，包括但不限于流程优化、设备升级、人员培训、技术引进等。

四、实训报告

根据上述收集的材料和数据，总结实训过程，并撰写详尽的实训报告。

参考文献

［1］魏学将，王猛，张庆英. 智慧物流概论［M］. 北京：机械工业出版社，2020.

［2］霍艳芳，齐二石. 智慧物流与智慧供应链［M］. 北京：清华大学出版社，2020.

［3］王猛，魏学将，张庆英. 智慧物流装备与应用［M］. 北京：机械工业出版社，2021.

［4］马笑，刘昌祺，刘康. 智能物流配送中心：设计·装备·案例［M］. 北京：化学工业出版社，2021.

［5］孔继利. 物流配送中心规划与设计［M］. 2版. 北京：北京大学出版社，2019.

［6］汝宜红，宋伯慧. 配送管理［M］. 3版. 北京：机械工业出版社，2016.

［7］阮喜珍. 物流配送管理实务［M］. 天津：天津大学出版社，2014.

［8］冯耕中，尤晓岚，徐金鹏. 物流配送中心规划与设计［M］. 3版. 西安：西安交通大学出版社，2018.

［9］阮喜珍. 仓储配送管理［M］. 武汉：华中科技大学出版社，2013.

［10］王效俐，辛旭，高凌宇，等. 物流运输与配送管理［M］. 2版. 北京：清华大学出版社，2021.

［11］沈文天. 配送作业管理［M］. 4版. 北京：高等教育出版社，2021.